# 「Google Classroom」の導入と
# 遠隔教育の実践 [改訂版]

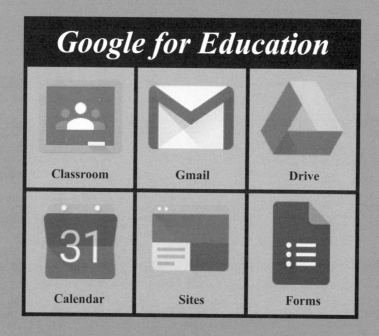

Google for Education

Classroom | Gmail | Drive

Calendar | Sites | Forms

# はしがき

　「新型コロナウイルス」の脅威によって、戦後、我が国の発展を支えてきた「政治」「経済」「行政」システムが、「オンライン化時代」に何ら対応できないまま機能不全に陥り「オンライン後進国」であることが露呈した。

　ある統計では、小中学校の「オンライン化」普及率は「約5%」と、無残な状況にある。

　そのため、3か月におよぶ学校閉鎖にも対応すべき「抜本的教育」が打ち出されないまま、教育は停滞し、教育現場では右往左往するばかりであった。

＊

　このような時代の要請を受け、新たな「オンライン化時代」の教育として、「遠隔操作」による教育の導入が求められている。

　「遠隔教育」は、「eラーニング」としてすでに導入されていたが、期待した成果には程遠かった。

　その理由として、「遠隔操作の環境が未整備」「遠隔機器操作の複雑さ」「コンテンツの貧弱さ」「機械音痴な教員の反対」「遠隔教育テキストが皆無」などが挙げられる。

＊

　この導入の要望に応えるため、新たな「eラーニング教育」として、本書はGoogleが開発した「Google for Education」を取り上げ、特に「学生管理アプリ」である「Google Classroom」の導入を提案している。

　すでに、「Classroom」は欧米で普及しており、多大な成果と実績を挙げてきている。

　この「Classroom」の特徴は、一度「Googleアカウント」を取得すると「Classroom」を含め、他の「Googleアプリ」（「Google Forms」「Google Drive」など）とコラボができ、ファイルやデータの共有など、さまざまな教育実践ができる点にある。

　Googleの「Classroom」を含めた「遠隔教育アプリ」は、今後の情報化時代の教育として、我が国の「遠隔操作による教育」を一段と飛躍させることが予想される。

　さらには、テレワーク導入による「遠隔ビジネス」にも応用でき、社会の仕組みを変える可能性が高い。

　本書を通し、遠隔教育のノウハウをぜひ習得して実践に役立ててほしい。

## 今回の改訂版について

　第1版の**5章7、8節**で説明している「共有設定の方法」は第1版の出版後、バージョンアップされたので、今回の改訂版では、新しく書き直した。

　それに応じて**3章10節**の「Googleフォームの共有」についても変更した。

中国学園大学子ども学部特命教授

梅原嘉介

# 「Google Classroom」の導入と 遠隔教育の実践[改訂版]

## CONTENTS

はしがき ・・・・・・・・・・・・・・・・・・・・・・・・・・・・・・・・・・・・・・・・・・・・・・・・・・・・・・・・・・ 3

### 第1章　「Google for Education」とは

- **[1-1]** オンライン教育の種類 ・・・・・・・・・・・・・・・・・・・・・・・・・・・・・・・・・・・・・・ 7
- **[1-2]** 「Google for Education」が使用するアプリ ・・・・・・・・・・・・・・・・ 8
- **[1-3]** 「Google for Education」の構図 ・・・・・・・・・・・・・・・・・・・・・・・・・・ 11
- **[1-4]** 本書の構成 ・・・・・・・・・・・・・・・・・・・・・・・・・・・・・・・・・・・・・・・・・・・・・・・ 12

### 第2章　「Gメール」の仕組みと役割

- **[2-1]** 「Googleアカウント」の作成手順（各自で行なう）・・・・・・・・・・・ 13
- **[2-2]** メールの基本機能①（送受信の仕方）・・・・・・・・・・・・・・・・・・・・・ 13
- **[2-3]** メールの基本機能②（よく使う機能）・・・・・・・・・・・・・・・・・・・・・・ 17
- **[2-4]** メールの応用機能（整理・整頓の仕方）・・・・・・・・・・・・・・・・・・・・ 25
- **[2-5]** その他の応用機能 ・・・・・・・・・・・・・・・・・・・・・・・・・・・・・・・・・・・・・・・ 28
- **[2-6]** セキュリティの設定 ・・・・・・・・・・・・・・・・・・・・・・・・・・・・・・・・・・・・・・ 37
- **[2-7]** 他のアプリ（Googleドライブ）とのコラボの仕方 ・・・・・・・・・・・・ 39

### 第3章　「Googleフォーム」の仕組みと役割

- **[3-1]** 「Googleフォーム」のログイン ・・・・・・・・・・・・・・・・・・・・・・・・・・・ 42
- **[3-2]** 「Googleフォーム」の特徴 ・・・・・・・・・・・・・・・・・・・・・・・・・・・・・・・ 43
- **[3-3]** 「Googleフォーム」の使い方① ・・・・・・・・・・・・・・・・・・・・・・・・・・・ 44
- **[3-4]** 「Googleスプレッドシート」の使い方② ・・・・・・・・・・・・・・・・・・・・ 54
- **[3-5]** 応用機能に挑戦①（「採点」への挑戦）・・・・・・・・・・・・・・・・・・・・ 56
- **[3-6]** 応用機能に挑戦②（「設定」の説明）・・・・・・・・・・・・・・・・・・・・・・ 60
- **[3-7]** 応用機能に挑戦③（画像と動画に挑戦）・・・・・・・・・・・・・・・・・・・ 65
- **[3-8]** 応用機能に挑戦④（高度な回答方法）・・・・・・・・・・・・・・・・・・・・ 69
- **[3-9]** メール以外の高度な送信方法 ・・・・・・・・・・・・・・・・・・・・・・・・・・・ 72
- **[3-10]** 「Googleフォーム」と「Googleドライブ」のコラボ ・・・・・・・・・・ 76
- **[3-11]** 「共有設定」について ・・・・・・・・・・・・・・・・・・・・・・・・・・・・・・・・・・ 78

### 第4章　「Google Classroom」の仕組みと役割

- **[4-1]** 「Classroom」の使用環境 ・・・・・・・・・・・・・・・・・・・・・・・・・・・・・・ 80
- **[4-2]** 「Classroom」のログイン ・・・・・・・・・・・・・・・・・・・・・・・・・・・・・・・ 81
- **[4-3]** クラス作成 ・・・・・・・・・・・・・・・・・・・・・・・・・・・・・・・・・・・・・・・・・・・・ 82
- **[4-4]** 「初期画面」の説明 ・・・・・・・・・・・・・・・・・・・・・・・・・・・・・・・・・・・・ 84
- **[4-5]** 「ストリーム」の説明 ・・・・・・・・・・・・・・・・・・・・・・・・・・・・・・・・・・・・ 85
- **[4-6]** 「メンバー」の説明 ・・・・・・・・・・・・・・・・・・・・・・・・・・・・・・・・・・・・・ 87
- **[4-7]** 「授業」の説明 ・・・・・・・・・・・・・・・・・・・・・・・・・・・・・・・・・・・・・・・・ 91
- **[4-8]** 採点の説明 ・・・・・・・・・・・・・・・・・・・・・・・・・・・・・・・・・・・・・・・・・ 106
- **[4-9]** 他のアプリとのコラボ（課題と対策）・・・・・・・・・・・・・・・・・・・・ 107
- **[4-10]** クラスの課題の確認（「ToDo」の使い方）・・・・・・・・・・・・・・・・ 122

## 第5章 「Google ドライブ」の仕組みと役割

**【5-1】** 「Google ドライブ」とは ・・・・・・・・・・・・・・・・・・・・・・・・・・・・・・・・・・ 123
**【5-2】** 「Google ドライブ」の環境設定 ・・・・・・・・・・・・・・・・・・・・・・・・・・・ 124
**【5-3】** 「Google ドライブ」のログイン ・・・・・・・・・・・・・・・・・・・・・・・・・・・ 125
**【5-4】** 「Google ドライブ」の基本的使い方①(「ファイルの保存」の仕方)・・・・・・・ 126
**【5-5】** 「Google ドライブ」の基本的使い方②(新規フォルダの作成) ・・・・・ 129
**【5-6】** 新規に資料を作成 ・・・・・・・・・・・・・・・・・・・・・・・・・・・・・・・・・・・・・・ 131
**【5-7】** 共有設定の方法① ・・・・・・・・・・・・・・・・・・・・・・・・・・・・・・・・・・・・・ 132
**【5-8】** 共有設定の方法② ・・・・・・・・・・・・・・・・・・・・・・・・・・・・・・・・・・・・・ 137
**【5-9】** 「Classroom」と「Google ドライブ」との連携 ・・・・・・・・・・・・・・・・ 141

## 第6章 「Googleカレンダー」の仕組みと役割

**【6-1】** 「Googleカレンダー」のログイン ・・・・・・・・・・・・・・・・・・・・・・・・・ 143
**【6-2】** 「Googleカレンダー」にスケジュールの登録 ・・・・・・・・・・・・・・・・ 145
**【6-3】** 「Googleカレンダー」に登録した「スケジュール」の変更 ・・・・・・・ 149
**【6-4】** 「Googleカレンダー」の共有 ・・・・・・・・・・・・・・・・・・・・・・・・・・・・・ 150
**【6-5】** 「Classroomカレンダー」のスケジュール管理 ・・・・・・・・・・・・・・・ 155
**【6-6】** 「Classroomカレンダー」と「Googleカレンダー」の連携 ・・・・・・・・・・ 157

## 第7章 会議型遠隔授業(ズームの紹介)

**【7-1】** 「ズーム」とは何か ・・・・・・・・・・・・・・・・・・・・・・・・・・・・・・・・・・・・・ 160
**【7-2】** ズームのログイン ・・・・・・・・・・・・・・・・・・・・・・・・・・・・・・・・・・・・・ 162
**【7-3】** ミーティングの開始方法 ・・・・・・・・・・・・・・・・・・・・・・・・・・・・・・・・ 168

## 補論1 「G Suite」の必要性

**【補1-1】** 「G Suite」の自動採点機能 ・・・・・・・・・・・・・・・・・・・・・・・・・・・ 174
**【補1-2】** 「個人アカウント」の使用と「G Suite」の比較 ・・・・・・・・・・・・・・ 177
**【補1-3】** 外部ドメインの招待制限 ・・・・・・・・・・・・・・・・・・・・・・・・・・・・・・ 177

## 補論2 「QRコード」を作って、「Googleフォーム」の課題を取り込む

**【補2-1】** 問題の提起 ・・・・・・・・・・・・・・・・・・・・・・・・・・・・・・・・・・・・・・・・ 178
**【補2-2】** 解決策の提案 ・・・・・・・・・・・・・・・・・・・・・・・・・・・・・・・・・・・・・・ 179
**【補2-3】** 「Googleフォーム」で課題(歴史問題)を作成 ・・・・・・・・・・・・・・ 179
**【補2-4】** 「QRコード」の作成 ・・・・・・・・・・・・・・・・・・・・・・・・・・・・・・・・・ 180

## 補論3 クラスの「追加作成」と「削除」の仕方

**【補3-1】** 「クラス」の追加作成 ・・・・・・・・・・・・・・・・・・・・・・・・・・・・・・・・ 184
**【補3-2】** 「クラス」の削除 ・・・・・・・・・・・・・・・・・・・・・・・・・・・・・・・・・・・・ 185

索引 ・・・・・・・・・・・・・・・・・・・・・・・・・・・・・・・・・・・・・・・・・・・・・・・・・・・・・・・・・ 188

1 Google for Education
2 Gmail
3 Google フォーム
4 Google Classroom
5 Google ドライブ
6 Google カレンダー
7 遠隔授業
補 G Suite QRコード クラスの操作

# 「Google for Education」とは

> 多くの種類の「遠隔操作による教育」が開発され、普及してきている。
>
> 古くは郵便を使った「添削返信システム」から、最近の「オンライン教育システム」まで、多種多様な遠隔教育がある。
>
> 特に最近は、「ネットを使ったオンライン教育」が花盛りだ。
>
> まずは、最近のオンライン教育の種類を見てみよう。

## 1-1　オンライン教育の種類

　オンラインによる遠隔操作の教育を行なう場合、ネットワーク環境をどのように利用するかで、3つのタイプに分けられる。

　(1)ホームページなどを通して遠隔授業を行なう「Web型の遠隔教育」、(2)教師と生徒がネットを通して教材をやり取りして授業を行なう「**教材型の遠隔教育**」、さらには(3)パソコンやタブレットの映像を通してリアルタイムで対面的な遠隔授業を行なう「**会議型の遠隔教育**」だ。

```
           ┌ (1) Web型の遠隔教育… HTML、PHPなどを使った双方向教育システム
  遠隔教育 ┤ (2) 教材型の遠隔教育…Google Classroom ,Google フォーム
           └ (3) 会議型の遠隔教育…Zoom , Google Meeting
```

　どのタイプの遠隔教育を行なうかは、遠隔教育を行なう教育環境(「ネット環境が整備されているか」「各タイプに精通した教員が存在するか」など)に大きく依存する。

　しかし、教育環境が充分整わないまま、遠隔教育に乗り遅れまいとして導入したが、使いこなせない教育機関が多々ある。

　導入に際しては、教育環境をしっかり把握したうえで、どのタイプで行なうかを決めることが必要不可欠である。

　本書では、このうち「**教材型の遠隔教育**」を取り上げ、教師と生徒が身に付けるべき基本的なノウハウ（技術や知識）を説明する。

　そのため、特に、Google社が提唱している教育機関向けアプリケーション（以後、簡単に「アプリ」）である「**Google for Education**」を取り上げ、説明する。

## 1-2　「Google for Education」が使用するアプリ

「Google for Education」に含まれるアプリは3種類ある。

　(a)パーソナル利用者対応の無料のアプリ、(b)無料で教育関係機関に提供されるアプリ（G Suite for Education）、最後に、(c)ビジネスに利用する有料のアプリ（G Suite Business）である。

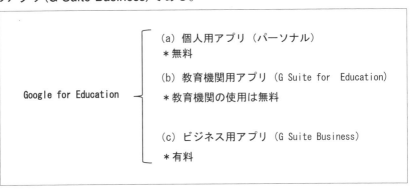

　本書は初めて個人で遠隔教育を学ぶ読者を対象としているので、まず何の登録制約もなく無料で使用できる個人用の遠隔教育アプリを使う。

　ここで、これから使用する5つの遠隔アプリを簡単に要約しておこう。

　アプリとして、「Gメール」「Googleフォーム」「Google Classroom」「Googleドライブ」「Googleカレンダー」── の5つのアプリを紹介する。

※基本的内容についてはどのタイプのアプリも、機能や操作に大きな差はない。

## ① Gメール

「Gメール」は、Googleのフリーメールサービスで、2004年4月1日から提供されている。

「Webメール」と「POP3」「SMTP」「IMAP」などに対応し、自動転送も可能である。

2018年時点での利用者数は約18億人であり、世界最大のメールサービスである。

競合サービスにはマイクロソフトの「Outlook.com」やYahoo!の「Yahoo!メール」などがあり、現在では、Googleの主要サービスの一つとなっている。

この「Gメール」は、Googleの遠隔教育の土台となっているサービスであり、Googleの遠隔教育を操作するのに必要不可欠である。

## ② Googleフォーム

「Googleフォーム」は、Googleが提供する無料のアンケート作成&集計ツールである。

Googleのアカウントさえもっていれば利用でき、ブラウザ上で簡単な操作をするだけで高度なアンケートフォームを作成できる。

集計したデータはMicrosoftのエクセルに似た「スプレッドシート」に収集される。

データの分析もすぐにできるようになっていて、「クイズ」「アンケート」などの用途に活用可能である。

また、「Googleフォーム」は、共同で編集することはもちろん、集計されたデータの共有もでき、共同作業ができるようになっている。

また、「アドオン」を活用することで、自動返信メールなども簡単に作成できるので、「お問い合わせフォーム」などにも活用できる。

この「Googleフォーム」は単独でも充分利用できるが、「Google Classroom」とコラボレーション(以後、簡単に「コラボ」)することで、より拡充された教育サービスが実行可能となる。

## ③ Google Classroom

「Google Classroom」(以後、簡単に「Classroom」)は、教師と生徒のコミュニケーションを円滑にする「学習管理アプリ」である。

「クラス」と呼ばれるコミュニティをオンライン上で疑似的に作成し、そこ

で教師と生徒がコミュニケーションを行ないながら授業を進めていくアプリである。

　2014年に開発された、まだ比較的新しいアプリであるが、Googleのネットワークを使い、次々と他の教育アプリとコラボしていき、Googleの遠隔操作教育の中核をなすものである。

## ④ Googleドライブ

　「Googleドライブ」とは、Googleが提供する「オンライン・ストレージ・サービス」の一つで、自分のファイルをGoogleのサーバ上、つまり「クラウド上」に保存できるサービスである。

| ※ストレージとは「外部記憶装置」のことである。 |
| --- |

　無料の「Googleドライブ」のアプリを実行すると、自分のクラウド上にフォルダが作られる。

　ウェブ版には、「Googleドキュメント」や「Googleスプレッドシート」が標準でインストールされており、「ドキュメント・ファイル」や「スプレッドシート・ファイル」が作成できる。

　ドライブには、無料の保存容量（15G）が用意されている。

## ⑤ Googleカレンダー

　「Googleカレンダー」は、Googleが提供する無料の「時間管理ウェブアプリ」で、すべての予定を簡単に管理できる。

　「Googleカレンダー」では自分の予定を登録するだけでなく、その予定を他の人と共有できるなど、さまざまな機能がある。

　さらに、「Googleカレンダー」は、「Gメール」「Classroom」などの数種類のサービスと統合することができる。

　たとえば、「会議」または「日付」と「時間」を含む電子メールが来たとき、「カレンダーに追加」ボタンで、自動的にカレンダー上に並んで表示される機能をもっている。

# 1-3 「Google for Education」の構図

「Google for Education」に含まれているさまざまなアプリは、ネット上どのような相互関係からなっているのであろうか。

最初に、その構図を見てみよう。

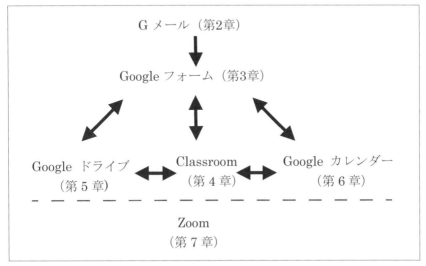

「Google for Education」の構図

　図で分かるように、「Google for Education」の土台は「Gメール」のアカウントをとることから始まり、それが「Google for Education」の仕組みを支えている。

　「Google for Education」に含まれる「教育アプリ」は、「Googleフォーム」「Classroom」を柱に、「Googleカレンダー」「Googleドライブ」が相互に依存しながら、さまざまな教育サービスを実施している。

## 1-4 本書の構成

　本書はこの「Google for Education」を紹介するが、その順序は、まず**第2章**で、「Google for Education」の土台である「**G メール**」を説明する。

　土台である「**G メール**」をマスター後、**第3章**では「**Google フォーム**」を説明。（「Google for Education」の柱である「**Classroom**」に直接行くのではなく、「Google フォーム」を先に説明する）

　相互のアプリ関係を組み込んだ「Classroom」は、初心者には複雑で分かりにくいので、まず「アンケート作成＆集計ツール」などのデータ処理を専門にした「Google フォーム」について解説する。

　遠隔操作の仕組みに慣れた後、**第4章**で「Google for Education」の柱である「Classroom」に取り組み、その基本的操作を解説。

　**第5章**で「Google ドライブ」を、**第6章**は「Google カレンダー」を説明する。

　**第7章**では、教材型遠隔教育以外の遠隔教育ソフトとして会議型の「Zoom」（ズーム）を簡単に紹介。

　最後の**補論**で、「G Suite」などについて、その必要性を簡単に説明している。

# 第2章

# 「Gメール」の仕組みと役割

> Gメールは、Google社により2004年4月1日から提供が開始された Google のフリーメールサービスで、世界最大のメールサービスである。
>
> この「Gメール」を使用するには「Google アカウント」の作成が必要である。

## 2-1 「Google アカウント」の作成手順（各自で行なう）

「Google アカウント」を作るため、Google の「サポートデスク」を呼び出す。
ブラウザに「Google アカウント作成」と入力する。
画面から「Google アカウント作成」をクリックする。
後は、手順に従って、必要事項を記入していくだけである。

ここで、「Google アカウント作成」のホームページの URL アドレスを掲げておこう。

```
https://accounts.google.com/signup/v2/webcreateaccount?flowName=GlifWebSignI&
flowEntry=SignUp
```

## 2-2 メールの基本機能①（送受信の仕方）

起動したGメールの初期画面にはさまざまな送受信の機能が表示されている。

この機能をまず初心者が必ずマスターすべき基本機能と、初心者を卒業した人が学ぶ応用機能に分けて説明しよう。

### ① Gメールのログイン

最初に、メールの「新規作成」の仕方を見てみよう。

### [手　順]

[1] ブラウザを開き、アドレスバーに「https://mail.google.com/」と入力。

[2] ログイン画面が表示されるので、Googleアカウントのメールアドレス、さらに「パスワード」を入力。（[1]と[2]の操作は1度限りの操作で、2回以降は[3]から始まる）

[3] Gメールのログインが完了し、初期画面が表示される。

　初期画面には、受信トレイが自動的に開かれる。

　画面にはさまざまな機能をもつアイコンが表示されているが、説明は後回しにしまずメールの新規作成をしよう。

## ② メールの新規作成

　画面からメールを作成し、送信しよう。

### ［手　順］

[1] メールを作成するため画面の「＋作成」をクリック。

　瞬時に、メールを作成する「新規メッセージ」画面が表示される。

## [2]メール相手の「宛先」と「件名」を記述。

メールを出すため相手の「宛先」と「件名」を記入する。

最初は、自分あての宛先を入れて、メールが届くか確認しよう。

## [3]メール内容を記述後、「送信」ボタンをクリック。

画面に、「メールを送信しました」のメッセージが表示される。

しばらくすると、メール画面に自分宛のメールが届く。

[4]メールをクリック。

　自分宛に送信されたメールをクリックすると、メールが開封され内容が表示される。

　メールの送受信は意外に簡単にできる。

## 2-3　メールの基本機能②（よく使う機能）

　ただメールを送受信するだけでなく、さまざまな機能を付けて送受信することができる。このうち、よく使う基本的機能を見てみよう。

　最初は送信側を見てみる。

2

Gmail

### ■［送信側］

　メールの作成画面下に、作成の際の機能を表示するアイコンがある。

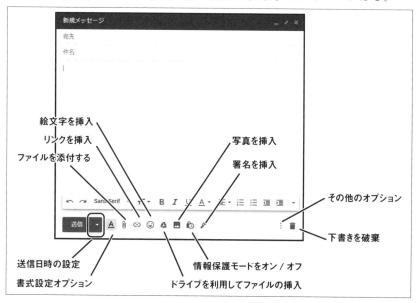

　このうち、よく使う機能のみ説明しよう。

## ① 絵文字を挿入

　若者がいちばんよく使う機能として、文章に「絵文字を挿入」してみよう。

### ［手　順］

[1]絵文字を挿入する個所として、「こんにちは」という文末をクリック

[2]画面下の「絵文字を挿入」アイコンをクリック

　「絵文字を挿入」アイコンには、「顔」「物」「自然」などさまざまな種類がある。

[3]今回は「顔の絵文字を表示」をクリック

　「顔の絵文字を表示」をクリックすると、即指定した個所に絵文字が表示される。

## ②「テキスト・ファイル」の添付

メールでファイルを友達に送りたい場合がよくある。

この場合、「**添付ファイル**」が使われる。

「添付ファイル」には「テキスト・ファイル」と「画像ファイル」がある。

最初に、「**テキスト・ファイル**」**の添付**を見てみよう。

　添付する前に、各自作成済みの添付ファイルを指定したフォルダに保存しておく。

### ［手　順］

**[1]画面下の「ファイルを添付」アイコンをクリック**

**[2]ファイルが保存してあるフォルダを開き、添付したい「テキスト・ファイル」をクリック。**

[3]画面に「添付ファイル」が表示。

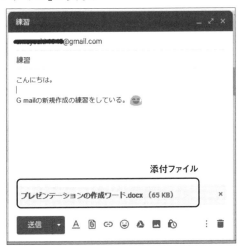

③「画像ファイル」の添付

　「テキスト・ファイル」の添付ができたので、次に「画像ファイル」を添付しよう。

　添付前に、各自画像を作成し、指定のフォルダに保存しておこう。

[手　順]

[1]画面下の「写真を挿入」をクリック。

[2]「アップロード」を選択し、画面中央の「アップロードをする写真を選択」をクリック。

[3]画像が保存されているファイルをクリック。

指定したフォルダを開き、添付する画像ファイルを選択後、「開く」をクリックする。

メール画面に画像が表示される。

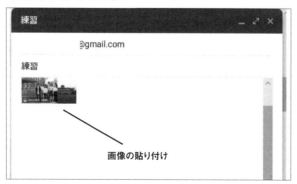

**2**

Gmail

## ■[受信側]

　「送信側の基本機能」を見てきたので、次に相手から送信されたメールを処理する「受信側の基本機能」を見てみよう。

　「送信メール」に比べ「受信メール」は「見るだけ」で終わり、軽視されがちであるが、多くの便利な機能がある。

　これらの機能を説明していこう。

＊

　最初に、メール初期画面から受信した「自分」のメールをクリックする。

　「自分」のメールが開くと、画面にはさまざまな機能をもつアイコンが表示されている。

　画面上部には、さまざまな「受信メール」の「処理機能」を示すアイコンが表示されている。

　初心者がよく使う基本機能としては、メール内容の「印刷」や「削除」に、「返信」「全員に返信」「転送」である。

　順次見ていこう。

＊

### ① 印刷機能

　送信されたメール内容を印刷するため、画面右側の「すべてを印刷」アイコンをクリックする。

　印刷するための書式画面が表示される。

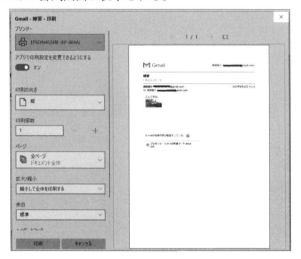

　必要な項目を入力後、「印刷」をクリックする。

### ② 削除

　削除したいメールをクリック後、画面の「削除」アイコンをクリックする。

　即座に、指定されたメールは消去される。1度、削除したメールは元に戻すことができないので注意が必要である。

### ③ 返信、全員に返信、転送

　Gメールの初期画面には、送信してきたメール宛に即、「返信」「全員に返信」「転送」をしたい場合も多い。

しかし、画面にはどこにもこれら諸機能は表示されていない。

[手　順]

[1] まず、この機能を表示させるため、メールの「初期画面」に戻り、即返信したいメール上で右クリックする。

[2] 画面の「返信」をクリックする。返信画面が表示され、メッセージを書き、「送信」ボタンをクリックする。

各自、「全員に返信」と、「転送」に挑戦しよう。

# 2-4　メールの応用機能（整理・整頓の仕方）

メールの「基本機能」を見てきたが、次に「応用機能」を見てみよう。

「応用機能」は、「送信機能」に比べ圧倒的に「受信機能」に多い。

　メールの受信数が1日10通程度なら問題はないが、100通以上になるとメールに振り回されることがよくある。

　大事な会議の連絡を見落としたり、イベント開催の参加を見落とした失敗は、筆者をはじめ多くの人が経験しており、困っている。

　これを防ぐためにも、応用機能はぜひ覚えてほしい。

## ① メールに「重要マーク」と「スター付きマーク」を付ける

　いちばん簡単な整理の方法は、受信したメールに「重要度」を付加する方法である。

　これには「重要マーク」と「スター付きマーク」の2つがある。

　「受信メール」の前にある、2つの「整理マーク」を見てみよう。（四角形のアイコンはメールの選択チェックを表示）

□ ☆ ⊃ 自分　　　　　　　　　　練習 - gmailの新規作成の練習をしてい…　　

　「☆」のアイコンは、受信したメールのなかで「重要なメール」と判断した場合に、当事者が手動でクリックして指定する。

　なお、初期画面左側の「スター付き」をクリックすると、現在「スター」が付いているメールの一覧が表示される。

　「⊃」のアイコンも重要なメールと判断した場合に付けるが、それは自動的に付けられる。

　ただし、当事者が手動でクリックして付けることができる。

　当初、自分宛に送信したメールに、このマークが自動的に付いていた。

　同じように、「重要」をクリックすると、現在「重要」と指定したメールの一覧が表示される。

　さらに、次の「未読のメール」や「下書きメール」と区別すれば、整理は一段とスムーズにいく。

## ② 下書き

　「Ｇメール」で新しいメールを作ったときに、すぐに送信しないメールは、「下書き」として保存しておくことができる。

　「下書き」に保存したメールは、後から「編集」や「送信」ができる。

＊

画面左側の「下書き」アイコンをクリックする。

例では、送信しないままのメールが6個表示されている。

　再度、「下書き」を送信する場合は、送信したい「下書きメール」をクリックする。

　送信画面が表示されるので、「宛先」を記述後、(a)「そのまま送信」するか、(b)「手直しして送信」する。

　送信後、「下書き」は1個減り、5個になっている。

### ③ 送信済み

　日々、多くのメールを受信していると、メールに対して「送信」を忘れていたり、「二重に返信」をして、迷惑をかけることがある。

　この対策として、「すでに送信した」ことを示す「送信済み」機能がある。

＊

　メールの左側画面にある「送信済み」のアイコンをクリックすると、今まで送信したメールの一覧が表示される。

### ④ メールの「未読」「既読」の処理

　多くの「受信メール」のうち、「未読メール」と「既読メール」を分けると整理がしやすくなる。

　未読メールは太く濃い文字列で表示される。

　「未読メール」を読むと「既読メール」となり、普通の「黒文字」に変わる。

　さらに、「既読メール」を再度「未読メール」にすることもできる。

　「既読メール」にマウスカーソルを載せると4つのアイコンが表示されるので、このうち「未読メール」を選択すると黒く太い文字に変わる。

　逆に、読みたくない「未読メール」の場合、メールにマウスカーソルを載せ、

「既読にする」を選択すると、メールを開かなくても「既読メール」として処理できる。

このように切り替えることで、「メールの整理」ができる。

## 2-5 その他の応用機能

今まで見てきた「受信メールの管理」は基本的な応用機能の説明である。
さらに、少し専門的になる「その他の応用機能」を見てみよう。

当分、「その他の応用機能」を使わない場合は、この節を飛ばし、次節の2
－6に進む。

### ① アーカイブ

Gメールの「アーカイブ」とは、聞きなれない言葉で戸惑うが、意味は単純で"メールから「受信トレイ」のラベルを外す操作"を言う。
すなわち、「アーカイブしたメール」を「受信トレイ」から一時的に他の保管場所に移動させる。
したがって、「アーカイブ」をしても、「メールが消え」たり、「検索しにくくなる」わけではない。

主に次のように使う。

・「未読メール」を「受信トレイ」に残して、「既読メール」はアーカイブ
・「返信が必要なメール」を「受信トレイ」に残して、「返信不要のもの」はアーカイブ

　　　　　　　　　　　　　　　＊

読みたいメールにマウスを当てると、右側に「アーカイブ」が表示される。
これをクリックすると、アーカイブされて、メールは「受信トレイ」から消える。

これらの処理ができれば、大量のメールがあっても「整理」「整頓」ができる。

＊

では、この「アーカイブされたメール」はどこにあるのだろうか。

## [手　順]

### [1]画面の「もっと見る」をクリック

### [2]「すべてのメール」をクリック

アーカイブされたメールが表示されている。

元の受信トレイに戻すには、(1)アーカイブされたメールを右クリックし、(2)表示される画面から「受信トレイに移動」をクリックする。

## ② スヌーズ

聞きなれない「スヌーズ」という機能を見てみよう。

指定した日時に読みたい場合に「スヌーズ」が使われる。

指定した日時になると、メールが受信トレイの最上部にもう一度表示される、便利な機能である。

スヌーズしたメールは、メニューの「スヌーズ中」で確認できる。

\*

[手 順]

[1] スヌーズしたいメールをクリック後、「スヌーズ・アイコン」をクリックする。

[2] 日時を表示する画面から「日付と時間を選択」し、クリックする。

[3]「日付と時間を選択」の画面で指定する「日付」と「時間」をクリック後、「保存」をクリックする。

　　ここでは、4月19日を指定する。

[4]画面にスヌーズ中の一覧が表示される。画面左側の「スヌーズ中」をクリックすると、スヌーズ中のメールの一覧が表示される。

[5]「受信トレイ」から外されている。

[6] 指定した日時がくると、画面に「赤色の新着メッセージ」が表示されるので、これをクリックすると「受信トレイ」にアーカイブされていたメールが再度表示される。

### ③ カテゴリ

「カテゴリ」とは「受信トレイ」の上にある「タブ」の種類のことである。

「Gメール」は受信したメールを「メイン」「ソーシャル」「プロモーション」と、自動的にカテゴリに振り分ける。

それぞれタブをクリックすると、振り分けられたメールを見ることができる。

たとえば、「ソーシャル」を選択すると、次のメールが表示される。

デフォルトでは、メールの分類は「メイン」「ソーシャル」「プロモーション」の3つのみが行なわれている。

「カテゴリ」を詳しく見るため、画面左側にある「カテゴリ」アイコンをクリックする。

「カテゴリ分け」の「種類」と「役割」をまとめておこう。

\*

メイン：友人や家族からのメッセージ

ソーシャル：ソーシャルネットワーク（Facebook や twitter など）からのメッセージ

プロモーション：広告やクーポンなどのプロモーションメール

新着：新着の自分宛の自動生成メール（確認書、領収書等）

フォーラム：オンラインのグループ、掲示板（Google グループやメーリングリストなど）からのメール

この「カテゴリ」のうち、「新着」を分類に入れれば、さらにメールの整理ができる。その方法を見てみよう。

[手 順]

[1]画面右側の歯車の「設定アイコン」をクリック後、「カスタマイズ」をクリックする。

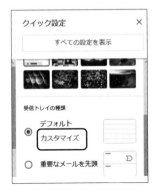

[2]画面のうち、「新着」項目にチェックを入れる。

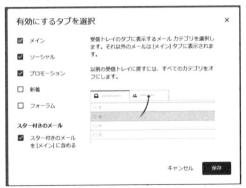

[3]保存をクリックする。

[4]「カテゴリ」に「新着」が表示される。

「カテゴリ」で細かく分けたい場合はチェックを入れ、「カテゴリをなくしたい」という場合はチェックを外し、「保存」を押して完了である。

各自、使いやすいように「**カテゴリ**」を設定しよう。

「受信トレイ」を「カテゴリ」でスッキリさせよう。

---

### 4 ラベル

「**ラベル**」を付けて「**整理**」「**管理**」する機能を見てみよう。

「**ラベル**」はメールに印を付けるタグのようなもので、ラベル毎にメールを一覧表示できるので、確認したいメールを探すことができる。

                       ＊

つまり、「ラベル」はファイルを仕分けするフォルダ機能の役割をもつ。(「Gメール」には「フォルダ機能」はなく、「ラベル」で代用する)

ここで、ラベル作成の手順を見てみよう。

---

### [手　順]

**[1]** 画面の「**もっと見る**」をクリック後、「**新しいラベルを作成**」をクリック

**[2]** 「**ラベル名**」として「**家族3**」を入力し、「**作成**」をクリック

**[3]** 編集

家族のラベルを付けたいメールを選択して、「マウス」を「右クリック」する。

出てくる画面から「ラベルを付ける」をクリックし、さらに「家族3」にチェックする。

「適用」をクリックする。

画面は次のようになる。

画面のメールに「家族3」というラベルが付く。

[4] さらに、画面左側の「家族3」をクリックすると、ラベル「家族3」を付けた
メールが表示される。

## 2-6　　　セキュリティの設定

「受信メール」には悪意に満ちたウイルスを仕込んだメールや、意図的に送ってくる迷惑メールも多い。

このようなメールを放置しておくと、パソコンがフリーズしたり、大切なデータを盗まれる危険がある。

そのための対策として「Gメール」には、悪意に満ちたメールを防ぐ「フィルタ機能」がある。

この「フィルタ機能」を説明しておこう。

「Gメール」の応用機能として難しいが、最優先に習得する必要がある。

ここではメールの整理をする際に役立つ、指定したメールに「フィルタ」をかける手順を見てみよう。

### ［手　順］

[1]フィルタをかけたいメールをチェック後、「その他」のアイコン ⋮ をクリック

[2]「メールの自動振り分け設定」をクリック

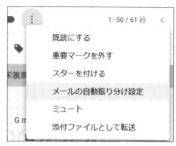

**[3]** フィルタの作成条件を記述後、「フィルタを作成」ボタンをクリック

フィルタの作成条件として「三大栄養素」を指定し、この用語を含んでいれ
ばフィルタの対象となる。

**[4]** 画面の「スターを付ける」にチェックを入れた後、「フィルタを作成」をク
リック。

「迷惑メール」の場合、「削除する」にチェックを入れる。

相手からメールが送られると、フィルタ機能から条件「三大栄養素」に合っ
たものに「スター」が付く。

このフィルタ機能を使って、必要のないメールを選択でき、削除すること
ができる。

## 2-7 他のアプリ（Google ドライブ）とのコラボの仕方

　「Gメール」に「Googleドライブ」にある資料を添付し、生徒に送るコラボを見てみよう。

　この方法の利点は、「Gメール」では「大きな画像」や「大量の送信」には制限があり、送れない場合でも、「Googleドライブ」にこれらのデータを添付すれば、送れるからである。

　その手順を見てみよう。

[手　順]

[1]メールの新規作成をクリック。

[2]画面下部の「**ドライブを使用してファイルを挿入**」をクリック。

[3] 開いた Google ドライブの①「マイドライブ」選択後、画面下部の②「添付ファイル」をクリックする。

　続いて、添付したい③「ファイル」を選択後、④「挿入」をクリック。

[4]「添付ファイル」が表示されたのを確認後、「送信」をクリック。

　生徒のスマートフォンの画面を見てみよう。

　教師から送られたメッセージが表示され、同時に添付ファイルが表示され
ている。

*

　「Gメール」は単にメールの送受信をするだけでなく、さまざまな機能があ
る。

　これらの機能を使いこなせば、より効率的なメールの使い方ができる。

# 第3章

# 「Googleフォーム」の仕組みと役割

> 「Googleフォーム」は、「Googleサービス」の一つで、主に「アンケート」や「問い合わせ」、さらには「二者択一的なテスト」といった、サイト訪問者が利用する「フォーム」の作成が簡単にできる。
> そのため、教育やビジネスに幅広く使われている。
> 「Googleフォーム」の強みは単独でも充分利用できるが、他のアプリである「Classroom」などとコラボすることで、より幅広い教育サービスができる点にある。

## 3-1 「Googleフォーム」のログイン

まず、「Googleフォーム」にログインしよう。

**[手 順]**

[1]ブラウザを開き、アドレスに「https://docs.google.com/forms」と入力する。

　上記URLをクリックし「Googleフォーム」を開くと、「Googleアカウント」にログインされていない場合は、「ログイン画面」に切り替わる。

[2] すでに「Googleアカウント」にログインした状態で上記URLを開くと、「Googleフォーム」のトップページが開く。

画面には、さまざまなテンプレートが表示されている。

これ以外にも多くのテンプレートが隠れている。

　隠れたテンプレートを表示するには、画面の「テンプレート・ギャラリー」をクリックすれば、隠れていたテンプレートが表示される。

　これらを使って「アンケート調査」や「出欠」の問い合わせなど、さまざまなサービスを提供できる。

## 3-2　「Googleフォーム」の特徴

　「Google フォーム」には、「無料」の「パーソナル用」と「有料」の「ビジネス用」がある。

　ここでは一部制約があるが、無料の「パーソナル用」を使う。

> ※「ビジネス用」を試してみたい人は、14日の「無料お試し」を使うサービスを利用できる。

＊

まず、使用する無料の「Google フォーム」の特徴を見ておこう。

①「無料」で、手軽に「フォーム」を作成できる
②「均等目盛」や「グリッド」選択、「条件分岐」など、「アンケート・フォーム」
　に使える機能が充実
③回答結果を「自動集計」し、「グラフ表示」してくれる
④「スマートフォン」からでもフォームの「作成」や「編集」ができる
⑤画面が直感的で、シンプルで使いやすい
⑥「他のアプリ」とコラボがしやすい

　このような多くの優れた特徴をもつ「Google フォーム」を習得すれば、遠隔教育の習得が容易になる。

　そのため、学習管理ソフトの「Classroom」を学ぶ前に、この「Google フォーム」を先にマスターすることを薦める。

## 3-3 「Googleフォーム」の使い方①

まず、最初に、簡単な「Googleフォーム」の作成の仕方を見てみよう。

### [手 順]

**[1]「新しいフォームを作成」の中から「空白」をクリック**

「テンプレート画面」から「空白」か「テンプレート・ギャラリー」のいずれか
を選択する。

一からフォームを作成するため、「空白」を選択する。

「無題のフォーム」画面が表示される。

画面には、さまざまな機能を示すアイコンが表示されている。

画面上部右側には3つのアイコンの「テーマをカスタマイズ」「プレビュー」
「設定」などが表示される。

　さらに「ツール・ボックス」には、「質問の追加」など6個のアイコンが表示されている。

　これらの機能は、使用するときに順次説明する。


**[2]「無題のフォーム」の個所をクリック**

　まず、「無題のフォーム」の個所をクリックし、表題を「三大栄養素」と変更する。

クリックし、「三大栄養素」と入力


**[3] さらに、メニューの左上側にある「無題のフォーム」をクリック**

　クリックすると、「無題のフォーム」は、即「三大栄養素」に自動的に変わる。

| ※このクリックを忘れる人が多いので、注意。 |
| --- |

クリック

[4]「無題の質問」をクリック

画面の「無題の質問」をクリックし、「名前」に変更する。

[5]回答の種類を決めるため、「ラジオ・ボタン」をクリック後、「記述式をクリック」

「ラジオ・ボタン」をクリックすると、さまざまな回答の種類が表示される。

このうち、「名前」を記述するので、画面から「記述式」をクリックする。

**[6]**名前を必ず入力するため、下部の「必須」個所をクリック

**[7]**次に「性別」を質問するため、「ツール・ボックス」の「質問の追加」をクリック

名前 — 記述式

記述式テキスト（短文回答）

必須

**[8]**画面の質問を「性別」に変え、回答は2者択一なので「ラジオ・ボタン」を選択

※「ラジオ・ボタン」とは、その質問に対して一つしか回答できない場合に使うボタンのことである。

性別 ● ラジオボタン

◯ 選択肢1

◯ 選択肢を追加 または 「その他」を追加

必須

[9] 質問項目を作るため、「選択肢1」をクリック後、「男」を入力して、エンターを押し、「女」を入力

[10]次の質問を作るため、再度「質問の追加」をクリック

クリック後、①「無題の質問」として三大栄養素の一つである「炭水化物の食物は」を記述し、②記述後、回答の種類として「チェック・ボックス」を選択する。

※「チェック・ボックス」は、質問に対して、複数の回答をさせるため使われる。

[11]複数の質問項目の作成

　複数の質問項目を、次のように作る。

　「選択肢1」に「魚」、エンター後、「コメ」、「バター」、「パン」と順次記述する。

[12]簡単な質問が完了したので、画面上部にある「送信」ボタンをクリック

[13]送信方法のうち「メール」を選択後、生徒の「メール・アドレス」を入力

　送信画面が表示されるので、「メール」「リンク」「HTMLを埋め込む」アイコンのうちから、「メール」アイコンをクリック後、生徒の「メール・アドレス」を入力する。

（本書では、「メール・アドレス」や名前は個人情報なのですべて灰色の太線で隠している）

アドレスを入力後、画面右下の「送信」ボタンをクリックする。

　複数の生徒にメールを同時に送る簡単な方法は、1マス空白を空け、順次「メール・アドレス」を入力する方法である。（**第1の方法**）
　しかし、同時に送る生徒が5人以上になると「**第1の方法**」は大変だ。

　その場合に使うのが「コピー＆ペースト」の方法である。（**第2の方法**）

## ［手　順］

①エクセルを起動し、「メール・アドレス」の一覧を作る。

②作成後、コピーするために複数の「メール・アドレス」をドラッグする。

③5人ぶんのメールのコピー範囲をドラッグし、それをフォームの「メール・アドレス」の記入箇所に貼り付ける。

　この方法は手動よりは、かなりメールが入力しやすくなっているが、まだ問題がある。
　10人以上、さらには50人以上の生徒にメールを送る場合、エクセルに「メール・アドレス」を打ち込むのは大変だ。
　打ち込みができても、それをアドレスの記入箇所に貼り付けるのは非効率で無理がある。

　このような問題は、学校では日常茶飯事に起こる問題で、避けては通れない。

どのように解決すべきであろうか。

　いくつかの解決策があるが、いずれも最初に全員のアドレスを入力する操作が必要だ。

　筆者がよく使う「第3の方法」として、アドレスを入力せず（使わないで）生徒がファイルを取り込める「QRコード」を使う方法がある。

　これについては補論2で説明する。

※「メール」以外の送信方法である「リンク」や「HTMLを埋め込む」については、**3-9節**で説明する。

**[14]**「生徒側のスマートフォン」に「質問メール」が届くので、回答するため画面の「フォームに記入」をクリック

　（スマートフォンの機種によっては、異なる表示になる）

**[15]**「質問画面」が開くので、「名前」や「性別」を入力し、さらに質問に解答する
解答後、「送信」ボタンをクリック。

**[16]**「教師」のパソコン画面に、「生徒」からの回答メールが届くので、「回答」
をクリック

回答が「生徒」から届くと、画面に「回答」が1件あることを知らせる。

**[17]**画面に「生徒」からの回答内容が表示

画面の回答をクリックすると、次のように自動的に生徒一人の集計が行なわ
れる。

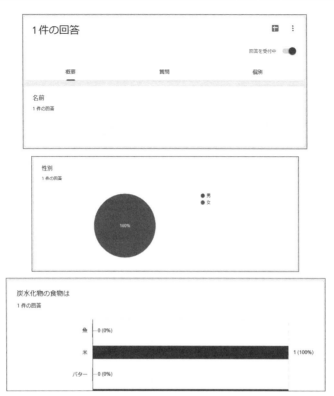

　回答してきた「生徒」の「名前」を表示後、「性別」を「円グラフ」で、「質問の回答」を横の「棒グラフ」で見やすく表示している。

---

**【課題1】**三大栄養素の「脂質」「タンパク質」についても質問表を作りなさい。

## 3-4 「Googleスプレッドシート」の使い方②

これ以外に、さらに、この回答結果を「Googleスプレッドシート」に落とし込むこともできる、便利な機能をもっている。

### [手 順]

[1]右上の「緑色」の「スプレッド・シートボタン」をクリック

[2]「新しいスプレッドシートを作成　三大栄養素」にチェック後、作成をクリック

「Googleスプレッドシート」に「自動的集計」が作成される。

スプレッドシートを使うことにより、生徒の解答が非常に見やすくなっている。

[3]「Googleスプレッドシート」をエクセルに変換するため、「ファイル」をクリック

「Googleスプレッドシート」をエクセルに移したい場合がよくある。

そこで、「Google スプレッドシート」をエクセルのファイル形式（Microsoft Excel(.xlsx)）で保存するため、メニューから「ファイル」をクリックする。

[4]保存を聞いてくるので、「名前を付けて保存」をクリック

[5]「保存先」を指定後、「ファイル名」「ファイルの種類」を指定し、「保存」をクリック

「ファイル名」は「三大栄養素」とし、「ファイルの種類」は「Microsoft Excel Worksheet」とする。

保存したファイルをクリックし、エクセル画面を開く。

※逆に、エクセルを「Googleスプレッドシート」に落とし込むこともできる。
　この点については後述する。

## 3-5　応用機能に挑戦①（「採点」への挑戦）

いままでは、「Googleフォーム」の基本的な使い方を学んできた。

次に、「Googleフォーム」のよく使う応用機能としての「採点機能」を見てみよう。

＊

フォーム作成の画面上部には、3つのアイコンが表示されている。

(a)「テーマをカスタマイズ」、(b)「プレビュー」、(c)「設定」―の3つのアイコンである。

重要な項目なので、順次説明しよう。

## ■ テーマをカスタマイズ

「Google フォーム」の基本画面では、画面が素朴すぎるので「ヘッダー」に画像を、「背景」に色を入れ、体裁をよくすることができる。

### [手 順]

[1] 最初に、「テーマをカスタマイズ」をクリック

[2] 「テーマ・オプション」画面が表示され、まずヘッダーの「画像を選択」をクリック

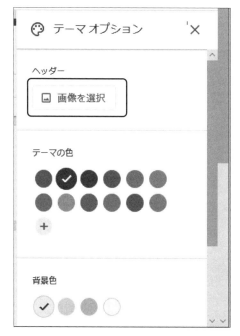

[3] 「ヘッダーの選択」画面から、「テーマ」を選択後、「仕事、学校」をクリック

「ヘッダーの選択」画面には、「テーマ」、作成済みの画像を読み込む「アップロード」、「写真」の3つが表示されている。

ここでは「テーマ」を選択する。

テーマにはさまざまな分野の画像があるが、「仕事、学校」を選ぶ。

[4]指定した画像をクリック後、画面から「挿入」をクリック

フォームのヘッダーに画像が表示される。

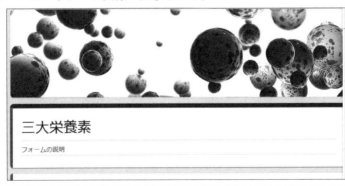

　「テーマ・オプション」の「テーマの色」、「背景色」などは各自画面から選択しよう。

## ■ プレビューを選択

　カスタマイズされたフォームの全体を見るため、「プレビュー」を選択する。ヘッダーに画像が表示され、体裁はよくなっている。

　3つ目の「設定」は、採点をする際に非常に重要なので、節を改めて「応用機能に挑戦②」として説明しよう。

# 3-6　応用機能に挑戦②（「設定」の説明）

　「設定」を説明するため「炭水化物」の質問に対して「採点」、すなわち「テストの採点」をしてみよう。

　テストの採点ができることが、「Googleフォーム」の大きな強みとなっている。

## ［手　順］

### [1]「設定」アイコンをクリック

　「フォーム画面」に戻り、「歯車表示」の「設定」アイコンをクリック

### [2]「全般」を選択後、さまざまな必要項目をチェックし、「保存」をクリック

　「全般」画面のうち、「メール・アドレスを収集する」「回答を1回に制限する」「送信後に編集」などにチェックを入れる。

[3]設定画面の「プレゼンテーション」をクリック

「プレゼンテーション」は、デフォルト画面のままにする。

設定

| 全般 | プレゼンテーション | テスト |

☐ 進行状況バーを表示

☐ 質問の順序をシャッフルする

☐ 別の回答を送信するためのリンクを表示

確認メッセージ:

回答を記録しました。

キャンセル　保存

[4]設定画面から「テスト」を選択後、必要な項目をチェックし、「保存」をクリック

設定画面の必要な項目にチェックを入れる。

特に、「テストにする」をオンにするためクリックする。

さらに「テストオプション」の必要な項目にチェックを、以下のように入れる。

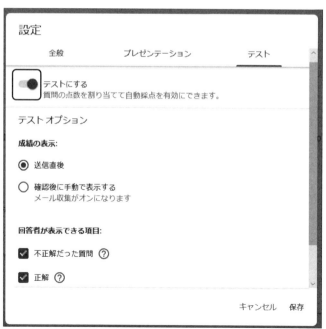

設定

| 全般 | プレゼンテーション | テスト |

◉ テストにする
質問の点数を割り当てて自動採点を有効にできます。

テストオプション

**成績の表示:**

◉ 送信直後

◯ 確認後に手動で表示する
メール収集がオンになります

**回答者が表示できる項目:**

☑ 不正解だった質問 ⑦

☑ 正解 ⑦

キャンセル　保存

[5]「Googleフォーム」画面に戻り、採点するため「炭水化物の食物は」をクリック後、画面左下側に表示される「解答集の作成」をクリック。

[6]正解の回答として、「米」と「パン」の2カ所にチェックを入れ、さらに点数を「5」と入力後、「完了」をクリック。

　この措置は、生徒が回答してくる答えが、フォームで教師が設定した正解と一致するか自動的に判定するためのものである。

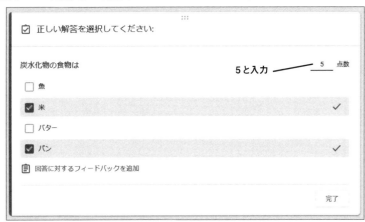

**[7]**「Googleフォーム」画面に、正解として「パン」と「米」のチェックと「点数」が「解答集を作成」の横に「5ポイント」と表示されるのを確認後、右上の「送信」ボタンをクリック。

炭水化物の食物は|

チェックボックス

☐ 魚　　　　　　　　　　　　　　　　　　　　　　　×

☐ 米　　　　　　　　　　　　　　　　　　　✓　　×

☐ バター　　　　　　　　　　　　　　　　　　　　　×

☐ パン　　　　　　　　　　　　　　　　　　✓　　×

☐ 選択肢を追加 または 「その他」を追加

☑ 解答集を作成　（5ポイント）　　　　　　　　必須

**[8]**「生徒」は送信されてきた「テスト」を「スマートフォン画面」でチェック後、解答し、「送信」

　「送信」されてきた「生徒」のスマートフォン画面を見てみよう。

　「ヘッダー」に「画像」「背景色」がつき、さらには「メール・アドレス」の質問事項が表示される。

　「質問事項」と「解答」を入力後、「送信」ボタンをクリックする。

← 🔒 三大栄養素
docs.google.com

# 三大栄養素
*必須

**メールアドレス** *

メールアドレス

**名前** *

回答を入力

戻る　🔍　アプリ履歴

[9]クリック後、即テストの採点（合計点）が、画面の「スコアを表示」をクリックすると、次のように表示される。

「炭水化物」の評価は2つとも正解なので、「採点5」が表示される。

## ■ 教師側の画面

　「生徒」からテストの「回答」が送られてきたので「フォーム」の「回答」数の「2」をクリックする。

　「1件目」は3-2節で説明した採点を考慮しない質問で、「2件目」は採点付きの質問であった。

「回答画面」が表示される。

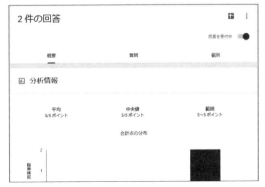

画面では、「統計分析済み」の「平均値」や「中央値」などが表示される。

さらに、分析を分かりやすく見るため、「スプレッドシート」を見てみよう。

2件の結果が表示されている。

**1件目**の質問にはスコアはなく、**2件目**の質問はスコアが表示されている。このように「採点付きのGoogleフォーム」を作成できる。

## 3-7 応用機能に挑戦③（画像と動画に挑戦）

次に、「Googleフォーム」に画像と動画を貼り付けることにより、視覚的にかつリアルタイムに「教育サービス」などが提供できる。

最初は、「画像の貼り付け」を見ていこう。画像は各自作成し保存する。

### ■「Googleフォーム」に「画像」を貼り付け

最初に、「Googleフォーム」に「画像」を貼り付けよう。

### [手　順]
**[1]**「ツール・ボックス」の「画像の追加」をクリック。

[2]画面から「アップロード」を選択後、「参照」をクリック。

[3] 画像を保存しているフォルダを開き、画像「炭水化物」を選択し、「開く」をクリック。

[4]「Googleフォーム」に画像が貼り付けられる。

https://pixabay.com/ja/illustrations/search/炭水化物/ から引用

## ■「Googleフォーム」に動画を挿入

　次に、「Googleフォーム」に動画を挿入しよう。

### ［手　順］

[1]「ツール・ボックス」の「動画の追加」をクリック

[2]「動画を選択」画面にある「YouTube」の「検索ボックス」に「じゃぱん　三大栄養素」と記述後、画面から「アスリート……」をクリックする。

　クリック後、「選択ボタンを」クリック。

「Googleフォーム」画面に動画が表示される。

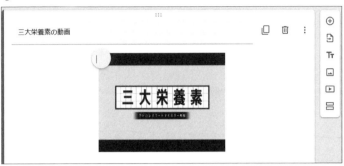

[3] 「Googleフォーム」の「送信」ボタンをクリック

[4] 「送信方法」として「メール」を選択後、「生徒のアドレス」を記述し、「送信」をクリック。
（送信方法は **3-3節の13** を参照）

[5] 生徒のスマートフォン画面を開くと、動画が送信されているので、画面中央の開始記号アイコン「▷」をクリック。

[6] 「生徒」の「スマートフォン画面」で動画が始まる。

## 3-8　応用機能に挑戦④（高度な回答方法）

　いままでは、「ラジオ・ボタン」や「チェック・ボックス」という比較的簡単
な回答方法で質問を作ってきた。

　ここでは、より高度な回答方式を取り上げよう。

### ■「プルダウン」による回答方法

　多くの項目から解答を見つけるには、「プルダウン」を使う。

　「ツール・ボックス」から「質問の追加」をクリック後、ボックスから「プルダ
ウン」を選択する。

　（主に、質問項目がかなりの幅を採る場合に使用される）

　そして、項目を、次のように作る。

　　　　　　　　　　　　　　　　　　＊

最初に、「コメ1グラムのカロリーの質問」を作ろう。

　8個のうちから正解の1つを選ぶ選択問題を作成している。

　この質問が「フォーム」上で実際にどのようになるかを見るため、画面上の
プレビューをクリックしてみよう。

画面の選択をクリックすると、隠れていた質問項目が表示される。

これが「プルダウン」の回答方式である。

## ■「均等目盛」による回答方法

3個目の質問として「均等目盛」を使おう。

質問として「米とパンを比べ、コメの満足度を答えなさい」と作成し、「満足度」を1〜5の数値から選択させ、その結果を「横一行」の中から選択させる方法である。

「Googleフォーム」上の表示は「プレビュー」で見てみよう。

回答者は、「数値」を選択する。

ただし、採点は生徒の好みなので、採点しない。

## ■「選択式」（グリッド）による回答方法

これは、好みをいくつかの基準に分け、その基準に当てはまる個所を「縦3列」からチェックさせる方法である。

「Googleフォーム」上の表示を「プレビュー」で見てみよう。

　これらの高度な回答方式を組み込んだ「Googleフォーム」を各自作成してみよう。

＊

---

※その際の、注意点をあげておこう。
　1つは、質問を出す場合、「**質問を評価し採点ができる回答方法**」と「**できない回答方法**」がある点に注意が必要である。
　2つには、「送信されたテストメール」が「生徒の携帯」では見られない場合がある。
　以下のメッセージが表示される場合がある。

---

CAPTCHAは初期状態でフォームに設置されています。

---

　見られない原因は、フォームの質問の一部が暗号化されていて、開けない場合があるからである。
　契約の際に、受信サービスを受けられない設定が行なわれている。
　その際には、「暗号化される質問項目は作成しない」か、「暗号化を外す措置」が必要になる。

---

## 3-9　メール以外の高度な送信方法

　「3-3節」の「13」で「フォームの送信方法」を「メール」で行なった。
　残る2つの送信方法である「リンク」と「HTML埋め込みリンク」を見てみよう。

※初心者にとって、かなり高度な送信方法なので、飛ばしてもよい。

### ■ リンク

　「遠隔教育」をするため「フォーム」を単独に使わず、「学生管理アプリ」の「Classroom」とのコラボが重要視されている。
　そのため「Classroom」からのフォームへのリンクが行なわれる。
　その手順を見てみよう（すでにClassroomを理解していることが必要）。

### [手　順]

[1]「Googleフォーム」画面の送信方法の「リンク」をクリック。

**[2]**「リンク」として貼り付ける「URL」を短くするため、「URL を短縮」をクリックする。

このアドレスをコピーしておく。

**[3]** 続いて、貼り付けするため「Classroom」を起動させ、「授業」「作成」「課題」を順次クリックする。

**[4]** さらに、画面下の「追加」をクリック後、「リンク」をクリックする。

[5]画面の「リンクボックス」にコピーしておいたアドレスを貼り付ける。
「リンクを追加」をクリックする。

「Classroom」画面に「Googleフォーム」画面がリンク表示される。

Googleフォームが Classroom の添付ファイルとして生徒に送信される。

## ■ HTML を埋め込む

残る送信方法として「HTMLを埋め込む」を、見てみよう。
(すでに「HTMLプログラム」を作ったことのある人が対象)

### [手 順]

**[1]**「HTMLを埋め込む」アイコンをクリックする。

クリック後、HTMLプログラムをコピーする。

**[2]** この「コピーしたプログラム」を「ホームページ」に埋め込む、簡単な「HTML
プログラム」を「メモ帳」で各自作成する。

**[3]** 指定のフォルダに、「ファイル名」を「html01.html」として保存する。

保存後、この「HTMLファイル」を開く。

## 3-10　「Googleフォーム」と「Googleドライブ」とのコラボ

「Googleフォーム」で作ったファイルは、送信後、自動的に「Googleドライブ」に保存されるコラボ機能をもっている。

したがって、「USBメモリ」に保存する必要がなくなる。

> ※「Googleドライブ」はインターネット上の「共有フォルダ」である。
> 　詳しくは**第5章**を参照。

＊

では、どのようにコラボされるか見ておこう。

[手　順]

[1]新たに、「採点付きタンパク質の問題」を各自作成。

[2]画面上部に、「変更内容をすべてドライブに保存した」というメッセージが表示

[3]「Googleドライブ」を起動し、確認

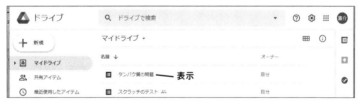

「Googleドライブ」画面に、「Googleフォーム」で作成された「タンパク質の問題」が表示されている。

[4]「Googleフォーム」のメインメニューをクリック

「Googleフォーム」のメインメニューをクリックすると、「ドライブ」が表示される。

　「Google フォーム」から直接「Google ドライブ」を呼び出すことができるので、ファイルを「Google ドライブ」に保存しておけば、それを使うことができる。

　このように、「Google フォーム」と「Google ドライブ」とのコラボ関係をしっかり把握することが遠隔教育には必要不可欠である。

3

## 3-11　「共有設定」について

「Googleフォーム」で作ったファイルは共有を制限することができる。

＊

作ったファイルを他人と共有設定をするためには、「Googleフォーム」の「ファイル・セキュリティ」をしっかり理解しておかなければならない。

しかし、一般的には「Googleフォーム」のファイルは自動的に「Googleドライブ」に保存されるので、「Googleフォーム」で共有設定しないで、「Googleドライブ」上で共有設定をする。

詳しくは、**5章の7節と8節**で共有設定を説明している。

ここで、「Googleフォーム」のファイルでも、「Googleドライブ」と同じ共有設定ができることを簡単に見ておこう。

### ［手順］

[1]画面上の「その他」のアイコンをクリック

[2]画面の［共同編集者を追加］をクリック

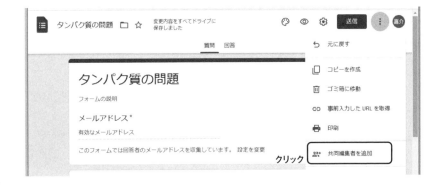

**[3]**「編集者の追加」画面が表示

「Google ドライブ」のファイルで共有設定すると、同じ「編集者の追加」画面
が表示される。

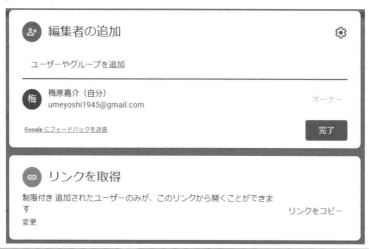

この画面を操作し、「共有設定」などを行なう。

# 第4章

# 「Google Classroom」の仕組みと役割

> いよいよ、遠隔教育の中核を占める「Google Classroom」(以後、簡単に「Classroom」と表示)の作成を見てみよう。
>
> 「Classroom」はネット上で作る「擬似クラス」であり、この「クラス」を管理することによって、授業のように「生徒」とのさまざまなコミュニケーションをとることができる、ネット上の「学生管理用ソフト」である。
>
> その上、他の「Google アプリ」である、「Google フォーム」「Google ドライブ」「Google カレンダー」などとコラボすることで「教材開発」や提供もできるなど、「Google for Education」の中核となっている。
>
> ＊
>
> まず、「Classroom」のログインを始める前に、これから説明する「Classroom」の「使用環境」を見ておこう。

## 4-1 「Classroom」の使用環境

これから使う「Classroom」の「使用環境」として、「種類」と「制限」を見ておく。

### ■「Classroom」は2種類

「Classroom」には、大きく分けて、2つの種類がある。

(**A**)「個人用」の無料で使える「Classroom」と、(**B**) 無料で、教育機関で使う「G Suite for Education」である。

```
                ┌─ 無料で、個人用の「Classroom」(本書が採用)
   Classroom ──┤
                └─ 無料で、教育機関で使う「G Suite for Education」
```

本書は誰でも無料で、組織に登録しないで使える「遠隔教育アプリ」の説明を目的にしているので、個人用の「Classroom」を使って説明している。

基本的な使い方は両アプリともほとんど変わらない。

## ■ 使用制限

　無料の「Classroom」の「使用環境」を見ておこう。

・**教師数の上限**：20人

・**メンバー数**（教師と生徒を合わせた人数）：250人

・**メンバー数**（教師と生徒を合わせた人数）の上限：1,000人

・**1人の生徒に割り当てることができる保護者数の上限**：20人

・**作成できるクラス**：1日あたり30個

・**参加できるクラス**：最大100個。1日あたり30個

・**送信できるクラスへの招待状**：1日あたり1クラスごとに100通

　「個人」や「少人数のゼミ」「クラス」で使う場合は個人用の「Classroom」で充分である。

　学校全体で使う大規模な場合、教育機関用に提供されている「G Suit for Education」を使うのが有効である。

＊

　「使用環境」が分かったので、「Classroom」のログインから始めよう。

　（すでに「Googleのアカウント」は取得済みであるとする）

# 4-2 　　　　　「Classroom」のログイン

　「Classroom」にログインするため、「Microsoft edge」や「Chrome」ブラウザを開く。

### ［手　順］

**[1]アドレスの入力**

　アドレスに **https://classroom.google.com** と入力する。

**[2]**「Classroomアクセス」をクリック後、画面を見ながら「メール・アドレス」、さらには「パスワード」を順次入力

[3] 画面が表示された後、「続行」をクリック

[4] 「クラス作成画面」が表示される

## 4-3 クラス作成

　「教師」と「学生」がやり取りを行なうためには、教師は「クラス」というグループを作らなければならない。

　ここで、「課題の提出」「資料の提示」「提出状況」さらには「採点」までできる。

＊

　クラス作成の手順を見ていこう。

[手　順]

[1] クラス作成画面の右上側の「＋」アイコンをクリック後、表示される画面から、「クラスを作成」をクリック

[2]内容を読み、同意したらチェックして、「続行」をクリック

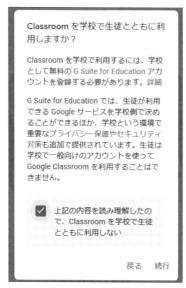

[3] クラス作成に必要な内容を入力後、「作成」をクリック

　最初に、担当するクラスを作成するため、クラス名を2年次とし、セクショ
ンを「子ども」、「科目」を「情報処理演習」、演習室を「k303」にする。

　以降、この「クラス名」で「学生管理」を行なう。

**[4]** 画面を読み「Got it」をクリック

「Classroom」の初期画面が表示される。

---

## 4-4 「初期画面」の説明

最初に、「初期画面」を説明しよう。

　この画面で重要なのは、「ストリーム」「授業」「メンバー」「採点」の4つの項目である。この4つの項目を理解することが「Classroom」をマスターすることでもある。

この4つの項目の下にある画面が「ストリーム」画面である。

最初に、この画面の説明から始めよう。

## 4-5　「ストリーム」の説明

　ストリーム画面には「クラスコード」「テーマ選択」「クラスで共有」などが表示されている。

### (1)クラスコード

　初期画面の左側にある「クラスコード」は、生徒たちが教師のクラスに参加する場合に必要なコードである。この使い方については、「**4-6節**」の「**4**」で説明する。

### (2)テーマの選択と写真のアップロード

　トップページの初期画面の背景図は「テーマを選択」をクリックすれば、デフォルトでさまざまなジャンルの画像を選択できる。

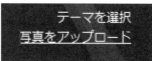

　適当なものがなければ、「写真をアップロード」をクリックし、自らが作成した写真を背景図にできる。

### (3)連絡掲示版

　ストリーム画面の下にある連絡掲示板では、クラスにおいて教師が出した「クラス全体へのメッセージ」の共有や、後述する「授業」画面で作成した課題などがこの掲示板に時系列的に表示される。

　さらには、生徒のコメント表示もできる。

　ここでは、知っておくと便利なクラス全体がメッセージを共有する手順をみておこう。

**4**

Google
Classroom

**[手　順]**

**[1]**画面の「クラスで共有」をクリック

**[2]**表示される画面に、対象として「2年次子ども」「すべての生徒」を選択後、メッセージを、次のように記述する

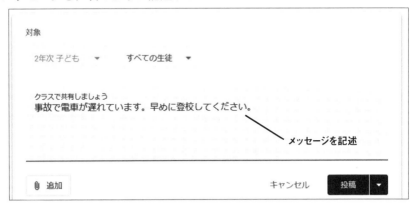

**[3]**記述後、「投稿」をクリック

画面の掲示版にクラスで共有されるメッセージが表示される。

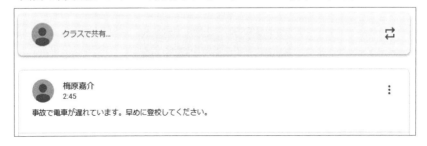

**[4]**生徒のスマートフォン画面

投稿後、「共有メッセージ」のメールが生徒のスマートフォン画面に表示される。

画面左図の共有メッセージメールをクリックすると、右図のようにそのメッセージ内容が表示される。

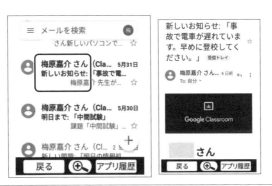

※教師のみでなく生徒も同じように投稿することができる(各自行なう)。

　このように「メッセージ」をクラスで「共有」することで生徒の遅刻も少なくなる。

　もし、教師が生徒からのコメントや投稿に制限を加えたい場合、画面上部の歯車をクリック後、「全般」のストリームの個所から制限をかけることができる。

**4**<br>Google<br>Classroom

## 4-6　「メンバー」の説明

　最初のログイン後のストリーム画面には、何ら生徒とのやり取りがまだないので、まずクラスに参加する生徒を登録するため、「メンバー」をクリックする。

### [手　順]

**[1]**「生徒」に送信するため画面の「メンバー」をクリック後、「生徒」の右端の「＋」のアイコンをクリック

**[2]**「招待する生徒」の「メール・アドレス」の入力個所をクリック後、「生徒」の「メール・アドレス」を入力し、「招待する」をクリック

**[3]**再度「招待する」をクリック

[4] メンバーに招待した生徒のメール・アドレスが表示される

※メールアドレスの色は灰色である

[5] 生徒のスマートフォン画面

　招待された生徒はスマートフォンに送られてきたメールを開き、「参加」を
クリックする。

　生徒が「参加」を押すと、正式に生徒登録が完了する。

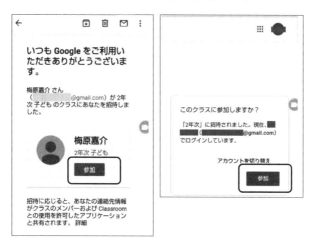

　[4] で示された灰色の「メール・アドレス」は黒色に変わる。

### ■ 他のメンバー登録の方法

　前述した［手順］のクラス登録の仕方は一人一人の「メール・アドレス」を打つので面倒である。

　多くの生徒の登録の場合、大変である。

　そのための便利な方法として、まず生徒が「Classroom」にログイン後、画面から「クラスに参加」をクリックする。

　クリック後、メールで送られてきた「クラスコード」を入力し、「参加」をクリックすると、生徒登録が完了する。

　教師は生徒の「メール・アドレス」を入力する手間がかからない。

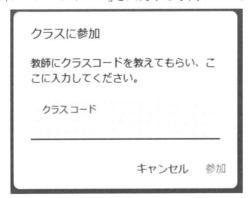

## 4-7 「授業」の説明

「授業」を選択し、画面から「＋作成」をクリックする。

　表示される作成画面には、「課題」「テスト付きの課題」「質問」「資料」など6個を作成できる項目が表示されている。

　このうち「資料」「質問」「課題」の使い方について説明しよう。

　(「テスト付きの課題」については、「Googleフォーム」で行なっているので説明を省略)

**4**
Google
Classroom

### ①資料の使い方

　「教師」は「生徒」に授業の資料を添付配布することがよくある。

　添付配布の仕方を見てみよう。添付する資料は各自作成する。

#### ［手　順］

**[1]** 作成画面の「資料」をクリック

[2]画面の資料タイトルを入力後、「追加」ボタンをクリック

[3]画面の「ファイル」をクリック

[4]画面の「アップロード」をクリック後、画面の中央にある「BROWSE」をクリック

**[5]**「資料」が保存してあるフォルダを開き、配布ファイルをダブルクリックし、画面に張り付け後、「アップロード」をクリック

**[6]**「授業画面」に戻り、配布する添付ファイルが追加されているのを確認後、「投稿」をクリック

生徒への送信が完了する。

**[7]**生徒のスマートフォン画面

生徒がスマートフォンで「資料メッセージ」を受信した場合を見てみよう。

スマートフォン画面（左図）のメールをクリック後、資料をクリックする。

ただし、資料を読むためには「Google ドキュメント」（Microsoftのワードに対応）のインストールが必要なので、画面の手順にしたがって、各自インストールする。

インストール後、右図の画面が表示される。

4

Google
Classroom

今まで、生徒のやり取りはスマートフォンを通して説明してきたが、簡単な選択問題や、共有などには支障はなかった。

しかし、資料の読み取りや記述式の課題などの本格的な処理には不向きであり、パソコンでの受信が必要となる。

生徒がパソコンで資料メッセージを受信した場合をみてみよう。

[8]生徒のパソコン画面

ブラウザを開き、「Classroom」のアドレスを入力後、「資料メッセージ」を受信した生徒の「Googleアカウント」を入力する。

表示された画面(4-3の[1]の画面を参照)から「クラス参加」をクリックする。

パソコンの生徒用の「Classroom」の初期画面が表示され、画面の連絡掲示板に「資料メッセージ」が表示され、ここをクリックする。

※生徒用の「Classroom」の初期画面には、教師用の画面にあった「採点」項目や「テーマの選択」などが削除されていることに注意しよう。

　「スクラッチの資料」の画面が開くので、配布されたファイルの「スクラッチの起動方法」をクリックする。

　「Google ドキュメントで開く」画面が表示されるので、ここをクリックすると資料が開く。

## ②質問の使い方

　通常、アンケートやイベントなどの参加の有無については、「Google フォーム」で作成したファイルを「Classroom」から呼び出して、生徒に送信し有無を確認する。

　しかし、このような本格的な有無の確認でなく、簡易的に有無の確認をしたい場合がよくある。

　たとえば、講義日の変更についての確認、ゼミの会合の出欠の有無などである。

### ［手　順］

**[1]** 「授業」から「作成」をクリック後、「質問」をクリック

[2]「質問」と「課題の詳細」を記述後、有無の確認のため「選択式」をクリック

[3]画面下に出る選択肢を、「確認」と「未確認」の2つ作成後、対象を「2年次子ども」の「すべての学生」、点数は「採点なし」を選択

[4]教師は「質問」を生徒に送信するため、画面右上の「質問作成」をクリック

[5]生徒のスマートフォン画面

　生徒は、スマートフォンで受信した画面を開き、「確認」をチェックし、「提出」をクリックする。

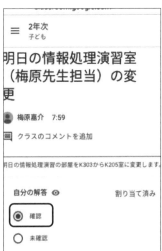

[6]生徒のパソコン画面

　生徒用のパソコン画面を開き、Googleアカウントを入力後、Classroomの連絡掲示板に表示される「質問」のメッセージをクリックする。

　画面には、スマートフォンと同じ質問画面が表示されるので、「確認」をチェック後、「提出」をクリックする。

[7]質問の確認

　教師は生徒から送信された質問の確認をチェックするため、ストリームの連絡掲示板の質問メッセージをクリック。

　画面から、生徒の３人のうちの１人から確認の送信があったことが分かる。

　画面下の「質問を表示」をクリックすると、誰が「提出」したか／しなかったかが表示される。

　このような簡易的に確認ができれば、学生とのやりとりができ学生管理も効率的にできる。

　さらに、[2]の質問を「選択式」でなく「記述式」に変更すると、教師と生徒だけでなく、生徒同士で質問のやり取りができる機能ももっている（チャット機能）。

### ③課題の使い方

　本格的に「課題」の提出をしてみよう。

　そのため、作成画面から「課題」をクリックする。

**[手　順]**

**[1]課題画面の「タイトル」を記述**

　最初に、画面の「タイトル」をクリックし、「スクラッチを説明しなさい」と記述する。

　その下の「課題の詳細」については省略する。

今回は、「追加」「作成」からの教材利用は省略する。

**[2]画面の「対象」として「生徒1人」を選択**
　今回は、特定の生徒への課題の送信なので他の生徒のチェックを外す。

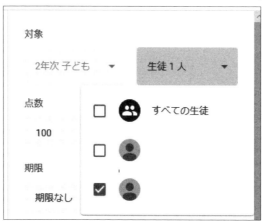

**4**

Google
Classroom

**[3]「期限なし」をクリックし、提出期限を5月12日に設定**

[4] 必要な項目の入力が終わったので、画面上部右側にある「課題を作成」を
クリック

　この「課題を作成」をクリックすると、課題が生徒に「送信」されることになる。

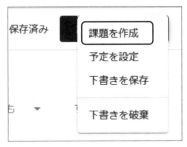

画面に「出題中」と表示が出る。

表示が終われば生徒への送信が完了する。

当初の「授業」の画面に戻る。

画面には「課題名」「投稿日」などが表示される。

　さらに、「ストリーム」画面に戻ると、画面の掲示板に課題が投稿されたこ
とが表示される。

#### ④生徒のスマートフォン画面

　教師から送信された課題メールは、生徒側のスマートフォンに届く。
生徒側のメールを開いてみよう。

[手　順]

[1]生徒のスマートフォン画面のメールをクリック

　送信相手のスマートフォンを開くと教師からのメールが届いているので、
ここをクリックする。

[2]画面の課題を書き込むため「開く」をクリック

　画面をスクロールさせて、「開く」をクリックする。

[3]画面の「追加または作成」をクリック

　本格的に文章で書くため、文章専門のアプリである「Google ドキュメント」を呼び出す。
　そのため「追加または作成」をクリックする。

　「Google ドキュメント」を選択し、課題の説明を書く。
　もし、「Google ドキュメント」がまだインストールされていない場合、画面にインストールする手順が出るので、手順に沿ってインストールする。

[4]「Google ドキュメント画面」に次のように書きこむ。

[5]記述後、提出画面を出し、「提出」ボタンをクリック
　　**教師**に解答が送信される。

### ⑤生徒のパソコン画面

　本格的に課題を記述するには、スマートフォンでは不便なので、パソコン
画面で記述する。

**［手　順］**

[1]生徒用パソコンの初期画面の連絡掲示板から、課題メッセージをクリック

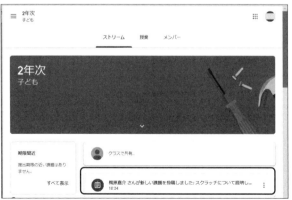

[2] 画面から「追加または作成」をクリック

[3] 画面の「Google ドキュメント」の個所をクリック

　画面から、「ドキュメント」の個所をクリックすると、「Google ドキュメント」画面が表示されるので、課題内容を記述後、「提出」ボタンをクリックする。

## ⑥教師の画面

### ［手　順］

[1] メンバーから生徒をクリックすると、生徒が締切日前にすでに提出していることが分かる

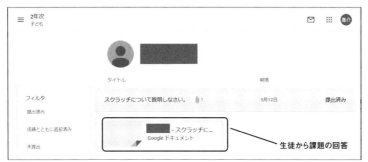

生徒から課題の回答

[2] 生徒からの課題提出物をクリックし、内容を読み、採点を 60 と記述

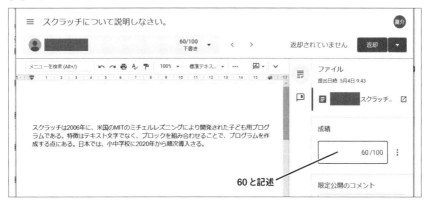

60 と記述

[3] 返却

　採点結果を知らせるため「返却」ボタンをクリック

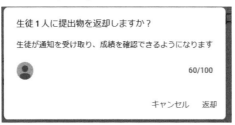

## 4-8 採点の説明

ここで、教師の採点表を見るため「採点」をクリックする。

採点が60と表示されている。

生徒のスマートフォンで開くと、画面に採点が表示されている。

このような教師からの課題作成、課題の送信に対して、生徒が解答の送信を行なう。

さらに、教師は課題の解答に対する採点を行ない、その採点を生徒に送信するという一連の操作がオンライン授業の強みである。

遠隔操作に慣れるためにも、まずこの基本操作をマスターしよう。

# 4-9 他のアプリとのコラボ(課題と対策)

「Classroom」の基本的使い方を説明したので、次に応用を見てみよう。

学生管理アプリの「Classroom」の大きな長所はさまざまな「Googleアプリ」とコラボができる点である。

ここでは、「Classroom」と「Googleフォーム」とのコラボを見てみよう。

そのため、コラボとして「採点を求めないアンケート調査」と「採点付きの課題」の2つをみてみよう。

## ■ 市場調査のアンケート

最初に、「Googleフォーム」の画面を開き、「Googleフォーム」に簡単な生徒の家庭の消費行動についての「市場調査アンケート」を作成しよう。

### [手 順]

**[1]**「Googleフォーム」を開き、次のように課題を各自作成

課題を作成するが、アンケート調査なので採点処理は行なわない。

```
市場調査
消費者行動を調べるための主婦の行動を分析する

名前 *
記述式テキスト（短文回答）


あなたはコンビニに週何回いきますか
○ 0回
○ 1～2回
○ 3 回以上
○ 選択肢 3


どのコンビニを使いますか
○ ローソン
○ セブンイレブン
○ ファミリーマート


あなたの年齢はいくつ
○ 20代
○ 30代
○ 40代以上
```

**[2]** 「Classroom」を開き、必要な項目を記入

次に、「Classroom」を開き、課題タイトル、対象、期限などを次のように入力する。

**[3]** 「Googleフォーム」にリンク

「Googleフォーム」を「Classroom」にリンクするため、Googleフォームに戻り、「Googleフォーム」の「送信」から「リンク」を選ぶ。

出てきたリンクの短縮ボタンにチェック後、リンクをコピーする。

[4]「Classroom」から「Google フォーム」にリンクを張る

　「Classroom」に戻り、課題画面の下部にある「追加」をクリック後、画面から「リンク」アイコンをクリックする。

[5] 表示される画面の「リンクを追加」画面に、先ほど「コピー」したリンクアドレスを「貼り付け」る

　貼り付け後、「リンクの追加」をクリックする。

　「Classroom」画面に「Google フォーム」のリンクが表示される。

[6] 準備ができたので、「課題を作成」をクリックし、生徒に課題を送信する

[7]生徒のスマートフォン画面

生徒のスマートフォン画面に市場調査のメールが表示される。

このメールをクリックすると、市場調査の内容が表示される。

生徒がアンケートに答えた後、「送信」する。

[8]生徒のパソコン画面

「Classroom」の初期画面の「授業」「作成」「課題」をクリック後、市場調査を
クリックする。

画面の「市場調査」のアンケートをクリックする。

画面のアンケート項目に答えた後、「送信」をクリックする。

[9]教師の画面

生徒からの解答は、ストリーム画面で知ることができる。

　生徒から送信されてきたアンケート結果の内容は、「Classroom」の採点画面には記録されない。

　ただし、採点箇所は作成されている。

**[10]**「Googleフォーム」に戻り、スプレッドシートを見ると、アンケート調査結果が記録処理されている。

　このように、アンケートなどの課題作成は採点の必要がないので、「Classroom」を使わず「Googleフォーム」単独で行なうこともできる。

### ■採点付きのテストの作成

　次に「採点付きの課題」を作成しよう。

　「Classroom」では、「採点」画面があり、この画面に生徒の成績を表示してみよう。

　そのため、「Googleフォーム」で採点付きのテストを作成し、「Classroom」の採点画面に点数を付けてみよう。

　まさに「Classroom」と「Googleフォーム」のコラボである。


　しかし、大きな問題がある。

　無料の個人用の「Classroom」では、この自動採点機能が使えない問題である。

ただし、教育機関用に提供している「G Suite」ではこの制約はなく自動採点機能が使える。

この制約のもと採点付き課題をみていこう。

## ■「Googleフォーム」側の処理

### ［手　順］

**[1]**「Googleフォーム」で問題の作成

新たに三大栄養の問題として、「炭水化物」「脂質」「タンパク質」について、「Googleフォーム」で、問題を次のように各自作成する。

---

### 三大栄養素の問題

三大栄養素は炭水化物、脂質、タンパク質から３つに分類され、各要素の食品を選ぶ問題である。

メールアドレス *

有効なメールアドレス

このフォームでは回答者のメールアドレスを収集しています。 設定を変更

---

名前 *

記述式テキスト（短文回答）

---

炭水化物の多い食品を選べ

○ 大豆

○ 米

○ 肉

---

脂質の多い食品を選べ

○ ソバ

○ 魚

○ バター

---

たんぱく質の多い食品を選べ

○ タマゴ

○ パン

○ マーガリン

[2]採点処理

提出した課題を採点するため手順を見ておこう（3章の3-6節参照）。

まず、設定をクリックする。

[3]画面の「全般」の選択

画面の「全般」を選択し、必要な個所にチェック後、保存を打つ。

特に、回答は1回限りに制限する。

[4]プレゼンテーションの選択

画面はデフォルトのままにする。

[5]テストの選択

テストを選択後、画面の「テストにする」にチェックを入れ、他の必要な項目にもチェックを入れる。チェック後、「保存」をクリックする。

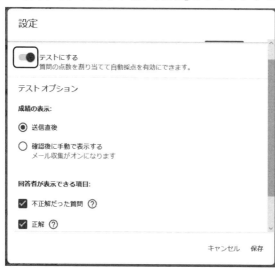

[6]得点と正解を設定

得点と正解を設定するため、「炭水化物の多い食品を選べ」をクリックする。表示される画面下の「解答集を作成」をクリックする。

[7]得点を10、正解を「米」にチェック後、「完了」を押す

| ⟨⟩ 正しい解答を選択してください: |
|---|

炭水化物の多い食品を選べ　　　　　　　　　　　**10 を入れる**　🔟 点数

○ 大豆

◉ 米　　　　　　　　　　　　　　　　　　　　　　　✓

○ 肉　　　　　　　　　　　　　　　　　　　　　　**正解をチェック**

🗐 回答に対するフィードバックを追加

　　　　　　　　　　　　　　　　　　　　　　　　　完了

＊

　同じように、「脂質」「タンパク質」に「得点10」と「正解」を記述する(各自作成)。

## ■「Classroom」側の処理

### [手　順]

[1]「Classroom」を開き、必要な項目を記述

　「Classroom」を開き、「タイトル」「対象」「期限」などを記述する。

　記述後、追加から「リンク」を選択し、リンク先を貼り付ける。

　(「リンク」でなく、「Google ドライブ」から「Google フォーム」にあるファイルを読み込むことができる。この方法については次章で説明)。

　「リンク」の貼り付けについては「市場調査」で説明ずみである。

リンクを追加

リンク
e/HVgsopy4zUH1JJCDA ✕

キャンセル　　リンクを追加

**[2]**「Classroom」に「Google フォーム」のリンク表示

フォームのリンク

**[3]**「課題の作成」をクリック

「課題の作成」をクリックし、「生徒」に送信する。

採点をクリックすると、すでに採点表が作成されているが、採点はまだなされていない。

**[4]**生徒のスマートフォン画面

「生徒」はスマートフォン画面で、質問に「解答」「返信」する

[5]生徒のパソコン画面

　生徒用のClassroomの初期画面から「授業」をクリック後、「三大栄養素の問題」をクリック

　画面の課題内容の答えにチェックを入れた後、「送信」をクリックする。

[6]教師の画面

　「教師」のパソコン画面では、生徒からの回答が送信されたことをストリームが知らせている。

　「採点」画面を見てみよう。
　まだ採点が行なわれていない。

なぜ、採点しないのであろうか。

これは前述したように無料の「個人用のClassroom」では、「Googleフォーム」からの成績を「Classroom」に導入する仕組みが存在しないからである。

（「個人使用」の「Classroom」では、「Googleフォーム」の自動採点が使えない）

---

※教育機関用の「G suit」では、「Googleフォーム」の成績を「Classroom」に読み込むための「成績インポート」の仕組みが自動的に導入され、成績の採点を表示できる。（「**補論**」参照）

---

## 問題の対処方法

この問題の対処には2つの方法がある。

一つは、自動採点ができないならば手動で採点を記述する方法である。

もう一つは、成績結果が「Classroom」で自動作成できなくても「Googleフォーム」では自動採点しているので、これを使う方法である。

順次見ていこう。

### [手 順] 手動で採点を書き込む

**[1]**「Classroom」の「授業」画面を開き、採点したい問題の三大栄養素をクリック

画面から「課題を表示」をクリックする。

[2]「生徒の提出物」画面には、各生徒の提出状況の一覧表が表示される
採点がなされていないので、手操作で20点と記入する。
（4-5節では、採点をメンバー画面から行なっている）

[3]画面に教師のコメントを書き込む

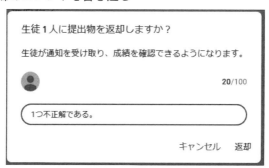

「採点」と「コメント」が出来たので、この採点を「生徒」に返却する。

[4]「生徒名」にチェックを入れた後、「返却」ボタンをクリック

「採点」画面を開くと三大栄養素の採点の個所に「20」と書き込まれている。

「生徒のスマートフォン画面」を見ると、「教師から採点の送信画面」が表示される。

手動で「Classroom」の中において採点をしなくても、「Googleフォーム」画面では自動採点をするので、これで成績評価をする。

### ［手　順］「Googleフォーム」で採点

[1]「Googleフォーム」のスプレッドシートを開いてみよう

このように工夫することで、個人用の「Classroom」でも採点の対応ができる。

**4**

Google
Classroom

## 4-10 クラスの課題の確認(「ToDo」の使い方)

多くの課題を多くの生徒に出していると課題の管理は教師にとって意外に大変である。

課題が未提出の学生、提出期限を守らない学生などさまざまな問題が発生するからである。

すでに課題に関しては、新たな課題の案内は「ストリーム」の連絡掲示板で把握し、提出期限の近い課題を簡単に確認するには、授業画面をみれば分かる。

また、個人に割り当てられた課題は、メンバー画面に登録している個人から分かる。

＊

しかし、これでは課題確認のチェックはバラバラで、成績管理に支障をきたすことになりかねない。

一元管理は必要不可欠である。

「Classroom」ではこれを「ToDo」が行なっている。

ストリーム画面の左側上にある横三本≡アイコンをクリック後、表示される「ToDo」をクリックすると課題の一覧が表示される。

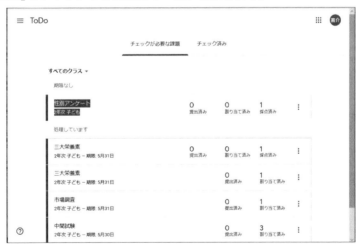

画面では、クラスと課題のタイトルが表示され、課題は、「未提出」「期限なし」「今日まで」「今週中」「来週以降」にグループ化されて表示されている。

詳しく内容を見たい場合は、課題ごとの「提出済み」「割り当て済み」「採点済み」をクリックすればよい。

# 第5章

# 「Googleドライブ」の仕組みと役割

「遠隔教育システム」の紹介を、「Gメール」「Googleフォーム」「Google Classroom」というプロセスで説明してきた。

このプロセスを側面から支えているのが、「Googleドライブ」と「Googleカレンダー」である。

本章では、まず「Googleドライブ」を説明しよう。

## 5-1　「Google ドライブ」とは

「Googleドライブ」は、「作成したファイルを保存」したり、「データを作成する」ことができるだけでなく、複数の「PCやスマートフォンなどとの間で、「Googleドライブ」（オンライン・ストレージ）を介した「ファイルの閲覧」や「共有」ができる。

それも、オンライン上に保存されるので、「自宅」「学校」「外出先」のどこからでもアクセスできる。

その仕組みを図で見てみよう。

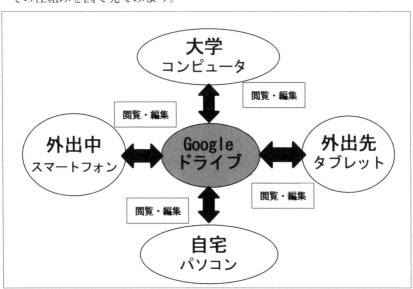

## 5-2 「Google ドライブ」の環境設定

「Google ドライブ」は、インターネットがつながっていれば、「パソコン」「タブレット」「スマートフォン」のいずれでも使える。

その特徴は、次の4点にまとめることができる。

### (1)既存のファイルをアップロードして活用

「Google ドライブ」では、「DOC」「XLS」「CSV」などの一般的なファイル形式をサポートしており、他のアプリケーションで作成したファイルを取り込むことができる。

### (2)ファイルを保管

約15GBのファイル保存領域がある。

また、パソコンのハードディスクの故障や停電などを心配する必要がない。

### (3)どこからでもアクセスして編集

インターネット接続と標準ブラウザの入ったパソコンさえあれば、どこでも、どのパソコンからでもアクセスできる。

### (4)ベーシックなドキュメントをゼロから作成

「文書」「スプレッドシート」「プレゼンテーション」をオンラインで作成することができる。

「箇条書き」「並べ替え」「表」「画像」「コメント」「数式」「フォント」や「スタイル」など、基本的な編集機能はすべて揃っている。

## 5-3 「Google ドライブ」のログイン

「Google ドライブ」にログインするため、「Google ドライブ」を読み込もう。

方法はいろいろあるが、ブラウザのアドレスに「https://www.google.com/drive」と入力する。(「Google アプリ」から読み込むのが簡単である)

「パーソナル」をクリックすると、初期画面が表示される。

「初期画面」のマイドライブには、いくつかのファイルがすでに保存されている。

これらのファイルは、今まで「Google フォーム」で作成したファイルが自動的に「Google ドライブ」に保存される措置があるからである。

**5**

Google
ドライブ

## 5-4 「Google ドライブ」の基本的使い方①(「ファイルの保存」の仕方)

「Google ドライブ」の基本的使い方を見てみよう。

まず、ファイルの保存の仕方を見ていく。

＊

最初に、作成済みのファイル(ワードで作成)を「Google ドライブ」のマイドライブに保存する。その手順を見てみる。

[手　順]

**[1]**画面の「新規」をクリック後、ファイルのアップロードをクリック。

「新規」をクリック後、画面から「ファイルのアップロード」をクリックする。

**[2]**ファイルを指定後、「開く」をクリック。

アップロードしたいファイル「スクラッチの起動方法」を選び、「開く」をクリック

[3]完了後、「スクラッチの起動方法」をクリック。

　画面にファイルが開く。このアップロードしたファイルを Google ドキュメント形式で保存しよう。

[4]、画面上部の「Google ドキュメントで開く」をクリック。

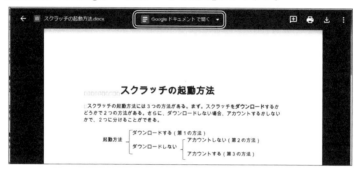

画面が Google ドキュメント形式に変換後、このファイルを保存する。

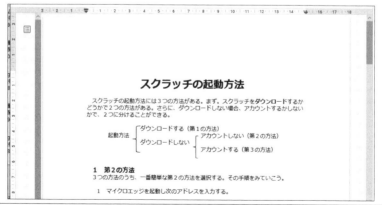

　このように、マイクロソフトの「ワード形式」のファイルをアップロード後、それを「Google ドキュメントで開く」ことによって、ファイルは Google ドキュメント形式で保存される。

## ■「Google ドキュメント形式」の変換設定について

「Word」「Excel」「PowerPoint」などの"Office形式"のファイルを「Googleドライブ」にアップロードする場合、「ドキュメント形式」「スプレッドシート形式」「スレッド形式」に「変換する・しない」を、「設定」によってあらかじめ選択することができる。

\*

### [手　順]

**[1]** まず、画面上部にある歯車のアイコンをクリック後、「設定」をクリックする。

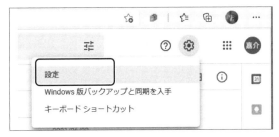

**[2]** 画面中央の［アップロードしたファイルを Google ドキュメントエディタ形式に変換します］をチェック後、［完了］をクリックする。

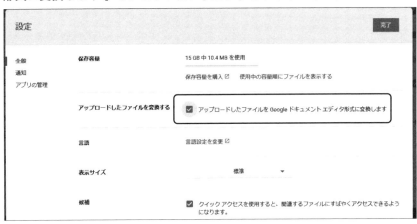

この設定後、Googleドライブにアップロードされる「Word」[Excel][PowerPont]などのファイルは、自動的に「ドキュメント形式」「スプレッドシート形式」「スレッド形式」に変換される。

## 5-5 「Googleドライブ」の基本的使い方②（新規フォルダの作成）

アップロードしたファイルを、新たに作ったフォルダに保存しよう。

最初に、フォルダを作る。

### [手 順]

**[1]** 「新規」をクリック後、「フォルダ」をクリック

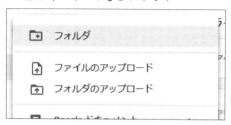

**[2]** 「フォルダ名」として「講義資料」と記述後、「作成」をクリック

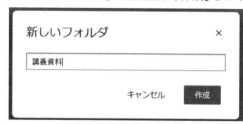

初期画面に、講義資料のフォルダが表示される。

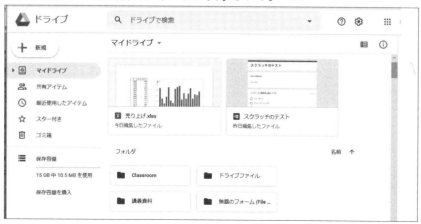

このフォルダには、まだファイルがないので、ファイルを保存しよう。

[3]アップロードしたファイルをドラッグし、フォルダに移動

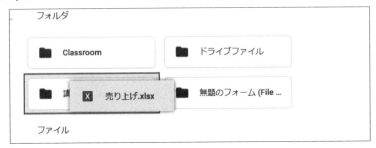

[4]講義資料のフォルダをクリック

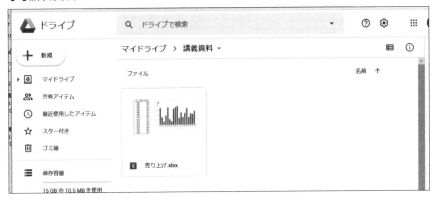

ファイルがきれいに移動し、画面に表示される。

## 5-6 　　　　　新規に資料を作成

　ファイルのアップロードでなく、「Googleドキュメント」を使い、新規に
ファイルを作成しよう。

[手 順]

[1]新規をクリック後、「Googleドキュメント」をクリックする。

[2]画面は次のようになる。

[3] ここにテキストを記述し、かつ題名も新たに付け、指定したフォルダに
保存する。

## 5-7 共有設定の方法①

「Googleドライブ」で作った「フォルダ」「ファイル」は、生徒にネット上で閲覧、編集できる、「共有設定」の仕組みがある。

この「共有設定」ができれば、お互いに「編集」「修正」などの共同作業ができて便利である。

＊

なお、本書では、「ファイルの共有設定」のみで、「フォルダの共有設定」の仕方は取り扱わない。

### ① 共有設定

作成したファイルの共有設定の対象を、「特定の生徒」にするか、「すべての生徒」にするか選択できる。

まず、本節では、「特定の生徒がファイルを編集できる共有設定」を見て、次節で「すべての生徒を対象にした共有設定」の方法を見る。

### [手順]

[1] エクセルで、「売上表02」を作成後、保存

| | A | B | C | D | E | F | G |
|---|---|---|---|---|---|---|---|
| 1 | | | | | | | |
| 2 | | 売上表 | | | | | |
| 3 | | | 東京店 | 名古屋店 | 大阪店 | | |
| 4 | | 1月 | 1,500,000 | 860,000 | 950,000 | | |
| 5 | | 2月 | 1,100,000 | 760,000 | 910,000 | | |
| 6 | | 3月 | 1,200,000 | 780,000 | 920,000 | | |
| 7 | | 4月 | 1,400,000 | 800,000 | 1,050,000 | | |
| 8 | | 5月 | 1,400,000 | 850,000 | 970,000 | | |
| 9 | | 6月 | 1,300,000 | 810,000 | 940,000 | | |
| 10 | | | | | | | |

[2]共有設定したいファイルの指定

「Googleドライブ」を起動し、「新規」から「ファイルのアップロード」をクリックし、ファイルの保存先から「売上表02」を指定する。

　画面の「売上表02.xlsx」のファイルはまだ共有設定されていないので、「特定の生徒」が編集、閲覧できる「共有設定」をしよう。

[3] 共有設定したいファイルの上で右クリックし、画面から「共有」をクリック。

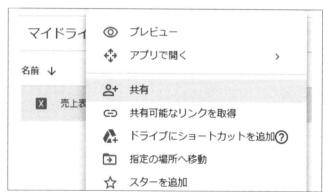

　あるいは、「売上表.xlsx」をクリック後、画面の上部にある「売上表.xlsx」の共有の個所をクリックしてもよい。

**[4]** 画面上の「ユーザーやグループを追加」をクリック後、共有させたい特定の生徒のメールアドレスを入力する。

さらに、メッセージを記述後、送信をクリック。

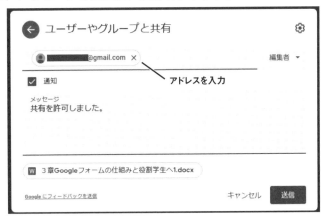

---

※当初、「アクセス権」はデフォルトで「編集者」となっているが、その他に「閲覧者」などのアクセス権の設定ができる。
「アクセス権」の設定については次節で詳しく説明する。

---

画面には、共有アイコンが表示される。

実際に、どのように送られたかを教師が確認できる。

確認のため、この共有されたファイルをダブルクリックする。

これが特定の生徒に届いた画面である。

画面右上の「共有」をクリックすると、「1人と共有」と表示され、「共有設定」ができたことが確認できる。

### ② 「生徒」から共有設定したファイルが見えるか、実際に確認

**[手順]**

**[1]特定の生徒のメールをチェック**

　送信されたファイルを見るため「Gメール」を開く。画面のメッセージの「売上表02.xlsx」を開く。

**[2]画面上部の「Googleスプレッドシートで開く」をクリック後、「Googleスプレッドシート」をクリック**

画面に、「売上表」が表示される。

**[3]** 「F10」の数値を「900,000」に変更。

変更後の売上表は、即「Googleドライブ」に保存される。

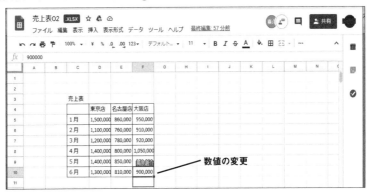

数値の変更

変更すると、今、だれが変更しているかの名前が表示される。

**[4]** 「Googleドライブ」画面の「共有アイテム」に変更ファイルが保存される。

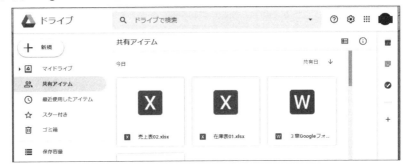

### ③ 変更後の教師の売上表画面

　生徒の「売上表」の数値の書き換えは、教師画面にどのように反映されるの
であろうか。

#### ［手順］

**[1]** 共有されたファイルをダブルクリック

**[2]** ここで、「売上表02」が変更されたかは、このファイルをクリック後、
「Googleスプレッドシートを開く」をクリック

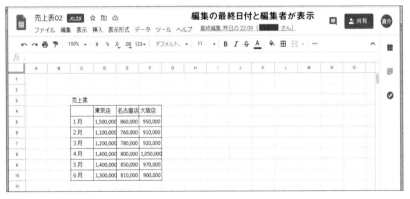

　表の「F10」の数値が、書き換えられているのが分かる。

　だれが、いつ、書き換えたかは、画面上部にある日付と最終編集者の名前
を見ると分かる。

　このように共有設定すると、簡単にファイルを「編集・加工」でき、便利で
ある。

## 5-8　　　　　　　　共有設定②

　前節では、特定の生徒を対象に共有設定の説明をしたので、本節で「すべての生徒を対象にした共有設定の方法」を見てみよう。

### [手順]

**[1]** 前節で特定の生徒に制限した共有ファイルを右クリックし、「共有可能なリンクを取得」をクリック

　あるいは、画面の上部にある「共有可能なリンクの取得」の個所をクリックしてもよい。

**[2]** 画面の「制限付き」の個所をクリック後、「リンクを知っている全員」をクリック

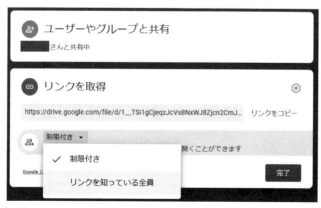

[3] 画面の当初の「アクセス権」は「閲覧者」なので、「アクセス権」を選択するため、ここをクリック後、「編集者」を選択。

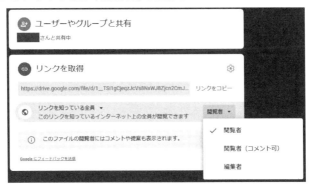

画面に3つの「アクセス権」が表示される。
3つの「アクセス権」の違いをまとめてみよう。

> 閲覧者：共有相手はファイル表示できるが、ファイルを変更したり、別の
> ユーザーとファイルを共有したりできない。
> コメント可：共有相手はコメントや提案を挿入できるが、ファイルを変更
> したり、別のユーザーとファイルを共有したりできない。
> 編集者：共有相手はファイルの変更、提案の承諾や拒否、別のユーザーと
> のファイル交換もできる。

[4] 「編集者」を選択後、画面の「リンクをコピー」をクリック
　すべての生徒が誰でも編集できるようにするため、リンクのアドレスをすべての生徒に送ってみよう。
　そのため、画面右の「リンクをコピー」をクリックし、「完了」を押す。

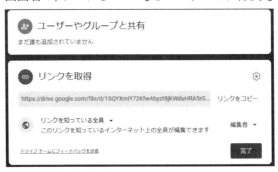

[5]メールを開き新規作成画面を開き、コピーした「リンク」を貼り付け後、送信
「新規メール」を開き、リンクしたアドレスを張り付け後、送信する。

送信された生徒のメール画面を開く。

以降は**5-7節**の**2、3**と同じ手順を行ない、「売上表」の数値を変更しよう。

> ※今回は編集できる「アクセス権」のみを説明したが、権限を「閲覧のみ」に変更した場合、書き
> 換え編集ができないことを各自検討。

＊

「Googleドライブ」の共有設定は他の人との共同作業などに使われ便利であ
るが、反面大きな危険もある。

　教師が重要な書類を共有設定したまま生徒などに送って情報が漏洩したり、
悪意をもった第三者が不正にリンクアドレスを取得し、情報を流出させたり
している。

　従来から、情報を盗みやすい「共有」は、不正アクセスの対象になっていた。

　したがって、オンラインで遠隔授業を行なう場合、共有などの管理は充分
行なってほしい。

　漏れてからでは遅いからである。

# 5-9 「Classroom」と「Google ドライブ」との連携

「Classroom」は「Google ドライブ」を使ってファイルの挿入ができる。

その連携を見てみよう。

（いままでは、リンクを使ってファイルを挿入していた）

## ■「Google ドライブ」を読み込む

　「Classroom」から「Google ドライブ」を読み込むには、「授業」「作成」「課題画面」から「追加」をクリック。

　さらに、「Google ドライブ」をクリックする。

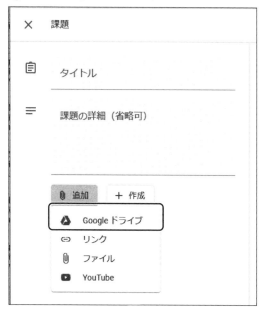

## ■ 挿入したいファイルを選択し、「追加」をクリック

　画面には、「最近使用したアイテム」「アップロード」「マイドライブ」などの
メニューが表示される。

　このうち、「マイドライブ」を選択し、さらに「講義資料」をクリックする。

　「課題画面」にファイルが挿入されている。

　これを生徒に添付できる。

　このように、「Classroom」から「Google ドライブ」の連携は簡単にできる。

　これは、「Google ドライブ」に必要なファイルを保存しておけば、ネットが
つながっていれば、どこからでもアクセスできることを意味する。

　「Google ドライブ」は、ネット上にある「フォルダ」「USB メモリ」とも言え
る。

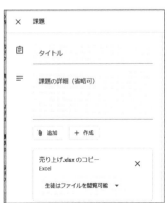

# 第6章

# 「Googleカレンダー」の仕組みと役割

「Googleカレンダー」とは、Googleが提供する無料のスケジュール管理ツールである。

Web上で利用できるほか、「iPhone」「Android」のアプリも用意されているため、外出先でスマホやタブレットを使って操作することも可能である。

「Gメールアカウント」をもっており、かつインターネットが使える場所であれば、どこからでもアクセスできるため、世界各国で使うことができる。

## 6-1 「Googleカレンダー」のログイン

まず、「Googleカレンダー」にログインしよう。

**[手 順]**

[1] ブラウザを開き、アドレスに「https://calender.google.com/calender/r」を入力

「Googleカレンダー」の初期画面が表示される。

画面の最上部には、今日は「2020年5月」、その下に日付の「13」が表示されている。

日を表わす画面を見ると、現在の時間が赤い直線で表示されている。

[2] 初期画面は「日」で表示されているが、「年ごと」「月ごと」「週ごと」「日ごと」など、自分の見やすい方法で表示することができる。

そのため、画面右上の「日」をクリックし、「月」を選択しよう。

[3] 画面は「月」単位の表示に変わる

## 6-2 「Googleカレンダー」にスケジュールの登録

最初に、「Googleカレンダー」の「スケジュールの登録」から始めよう。

画面左上側にある作成アイコンの「＋」をクリックする。

（あるいは、直接、「Googleカレンダー」でスケジュールを入れたい日時をクリック）

「スケジュール登録」には、さまざまな情報を指定することができる。

**［手 順］**

**[1]タイトル**

まず、登録するスケジュールの「タイトル」を、「**健康診断日**」と記入する。

**[2]**月、日、時間を設定するため、年月日の個所をクリック

クリック後、指定した5月18日をクリックする。

即、月日が変更される。

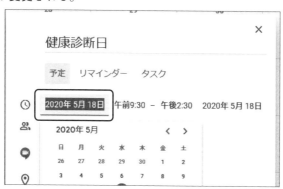

6

Google
カレンダー

[3]続いて、「開始時間」を午前10:00、「終了時間」を16:00と変更する。

即、「Googleカレンダー」の5月18日に表示される。

表示後、「ゲストを追加」をクリックする。

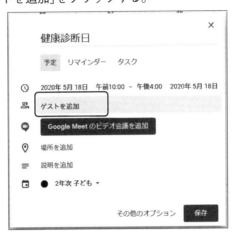

[4]ゲストを追加

「ゲストの追加」は、「健康診断スケジュール」に一緒に参加する人や、参加してほしい人に知らせを送り、相手の「Googleカレンダー」にもスケジュールを仮登録する機能である。

ここに、生徒たちの「メール・アドレス」を指定する。

[5]場所を追加

「場所を追加」をクリック後、「正門入り口」と記入する。

記入後、「保存」ボタンをクリックする。

もし、場所が分からない場合は、「Google サービス」の「Google マップ機能」を使って、場所を添付できる。

そのため、「正門入り口」の代わりに、「場所の住所」を記入する。

記入後、「保存」をクリックする。

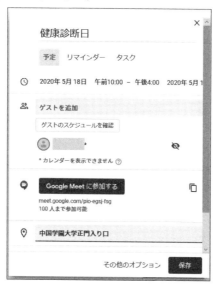

[6]送信

　「保存」をクリックすると、ゲストに招待メールを送るかのメッセージが表示される。

　ここで招待者を選別できる。

　今回は「送信」をクリックする。

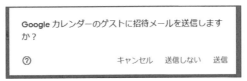

[7]送信が行なわれたメッセージが表示される。

　このように「Googleカレンダー」へのスケジュールの登録と、同時に「招待者(生徒)への連絡」が送られる。

　連絡が届いたかを見るため、生徒たちのスマートフォン画面を見てみよう。

　内容を読み、場所を知るため「地図」をクリックする。

　瞬時に、中国学園大学の地図が表示される。

　内容を確認後、招待メールまたは「Googleカレンダー」の予定から、参加する・しないを選択し、送信する。

参加可否の回答は、招待してくれたユーザーにメールで通知される。

参加するとした場合は、スケジュールが確定した状態で自分の「Google カレンダー」に表示される。

## 6-3 「Googleカレンダー」に登録した「スケジュール」の変更

「Google カレンダー」に登録したスケジュールを変える方法を見ていこう。

### [手　順]

スケジュールの「日」を1週間後に変更するのは、18日の健康診断日を25日にドラックするだけで、簡単に変更できる。

| 17 | 18 | 19 |
|---|---|---|
| | ● 午前10時 健康診断日 | |
| 24 | 25 | 26 |
| 31 | 6月1日 | 2 |

画面に次のメッセージが表示されるので、「送信」をクリックする。

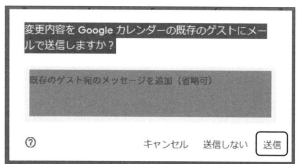

> 変更内容を Google カレンダーの既存のゲストにメールで送信しますか？
>
> 既存のゲスト宛のメッセージを追加（省略可）
>
> ⑦　　　　　　　キャンセル　送信しない　送信

「Google カレンダー」画面では、「日の変更」が行なわれている。

「送信ボタン」を押すと、生徒たちのスマートフォンにも変更が送信される。

**6**

Google
カレンダー

## 6-4　「Googleカレンダー」の共有

　「Googleカレンダー」の長所の一つが、「Googleカレンダー」をクラスの生徒同士で簡単に「共有」できることである。

　これはお互いのスケジュールを把握したい場合に、とても便利な機能である。

　ただし、共有した「Googleカレンダー」はスマホでもPCでも閲覧や編集できるが、「共有設定」は「PC」でないとできないので、注意しよう。

＊

　「共有設定」の手順を見ていこう。

### ［手　順］

[1]「Googleカレンダー」を表示

**[2]**マイカレンダーにある共有したい「Google カレンダー」を選ぶため、名前の右端 ⋮ のマークにマウスオーバーする。

即、「梅原嘉介」の「オーバーフロー・メニュー」が表示されるので、クリックする。

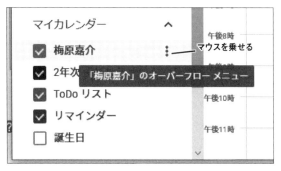

**[3]**画面の「設定と共有」をクリック

「オーバーフロー・メニュー」が開くので、画面の「設定と共有」をクリックする。

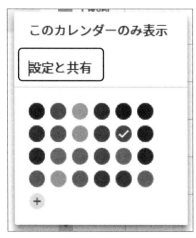

画面には「カレンダーの設定」「アクセス権限」「特定のユーザーとの共有」などの項目が表示される。

[4]「特定のユーザーとの共有」をクリック

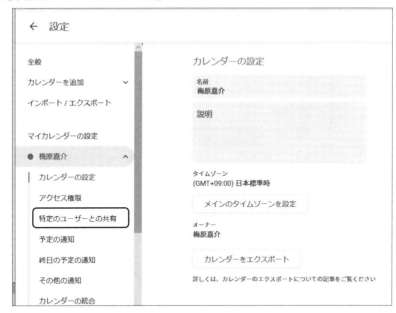

　アクセス権限を「一般公開し誰でも利用できるようにする」こともできるが、危険なので「特定のユーザーとの共有」を選択する。

[5]「特定のユーザーとの共有」にある「＋ユーザーを追加」クリック

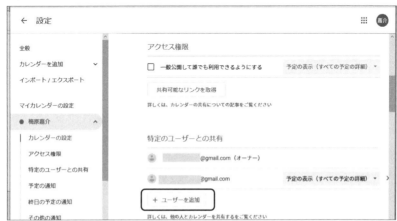

　「メール・アドレス」または「名前」で「Googleカレンダー」を共有したい人を追加する。

[6]「ユーザーの権限」も選択するため、「予定の表示」をクリック

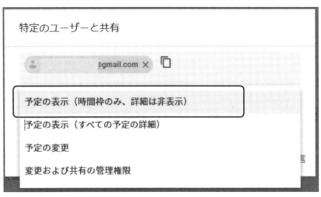

権限は4つある。

①予定の表示（時間枠のみ、詳細は非表示）
　登録済みの予定時刻と空いている時間の表示のみ
②予定の表示（すべての予定の詳細）
　限定公開以外のすべての予定と詳細の表示のみ
③予定の変更
　限定公開含むすべての予定を表示と予定の追加・編集が可能
④変更および共有の管理
　すべての予定表示と予定の追加・編集に加え、他のユーザーへ共有可能

どの権限を選ぶかを決める。
　一般には、閲覧権限のみをもつ、「**予定の表示（すべての予定の詳細）**」を選
択する。

6

Google
カレンダー

[7]送信ボタンをクリック

送信ボタンを押す。

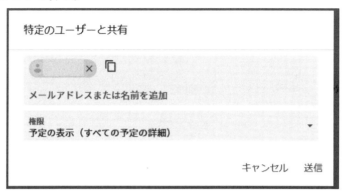

　スケジュールの「共有」が設定されると、共有相手にメールで通知が届く。

　メールに記載されている「URL」をクリックすると、共有相手の「Googleカレンダー」に「送信者のスケジュール」が表示されるようになる。

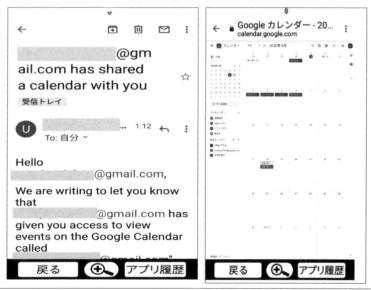

　送信者の「Googleカレンダー」が表示され、「Googleカレンダー」が共有される。

# 6-5 「Classroom カレンダー」のスケジュール管理

「Classroom」にある「カレンダー」を使って「スケジュール管理」をしてみよう。

## ① 「Classroomカレンダー」表示

### [手 順]

[1] 「授業」画面の右端のアイコンを押し、「カレンダー」をクリックする。

[2] 「週単位」の「Classroom カレンダー」が表示される。

次に、この「Classroom カレンダー」の使い方を見てみよう。

6

Google
カレンダー

## ② 課題作成

「Classroom」で生徒に課題を出してみよう。

### [手　順]

**[1]**「授業」から「作成」、さらに「課題」をクリックし、「タイトル」や「講義の詳細」などを記述する。

**[2]** 記述後、課題の提出期限を設定するために画面右側の「期限」をクリックすると、「月単位」の「Classroomカレンダー」が表示されるので、「締切日」を「5月15日」と設定する。

**[3]** 設定後、「課題を作成」をクリックし、生徒に送信する。

### ③ 「Classroomカレンダー」の表示

「授業画面」に戻り、「カレンダー」を再度クリックする。

　「Classroomカレンダー」の「15日」に「卒論の提出」の「スケジュール予定」が書き込まれている。
　このように、「Classroomカレンダー」は課題に対する予定を作成し、クラスの「学習管理」ができる。

## 6-6 「Classroom カレンダー」と「Google カレンダー」の連携

「授業画面」を見ると、おかしなことに気づく。

「Classroom カレンダー」と「Google カレンダー」の2つのカレンダーがある。

なぜ2つの「カレンダー」が表示されるのだろうか。

どのような関係があるのだろうか。

両者の関係を見てみよう。

最初に、「授業」で「中間試験の連絡」を「生徒」にしてみよう。

### ■「Classroom」側の処理

### [手 順]

**[1]**「Classroom」から「授業」「作成」「課題」をクリック

「課題」の「タイトル」として、「中間試験」とする。

「試験」は「すべての生徒」を対象に、「期限」をクリックし、「試験日」を「5月30日」とする。

「課題を作成」をクリックし、生徒に送信する。

**[2]**「Classroom」の「カレンダー」をチェックするため、「授業画面」の左上の
マーク 三 をクリック

**[3]**「カレンダー」をクリック

画面に、「試験日」が自動的に表示されている。

## ■「Googleカレンダー」側の処理

　同時に、「Google カレンダー」を開くと、30 日に「試験日」が書き込まれている。

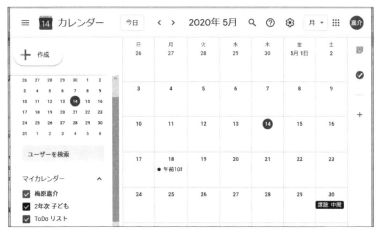

## ■ 生徒側の処理

　「生徒」の「Google カレンダー」を開くと、「クラスで設定した中間試験日」が表示されている。

　ただし、「**3-4節**」で説明した、「一般公開し、誰でも利用できるようにする」という「共有」を設定済みである。

＊

　このように、「Classroom カレンダー」と「Google カレンダー」とは連携して「スケジュール管理」ができ、その「スケジュール」を「教師」と「生徒」が「共有」して見ることができる。

# 第**7**章

# 会議型遠隔授業（ズームの紹介）

前章までは、「オンライン」を使って「教材」を「生徒」に送信し、その「教材」を通して「生徒」と授業を行なう、「教材型」の「遠隔授業」を中心に説明してきた。

しかし、「遠隔授業」には、もう一つ重要な、「会議型」の「遠隔授業」がある。

これは「教材型」の授業とは違って、「生徒」と「教師」が「パソコン」や「タブレット」などの画面を見ながら「同時双方向」で授業を行なう方法である。

本書のテーマと少し外れるが、簡単に見ておこう。

## 7-1　　　「ズーム」とは何か

「遠隔授業」のアプリでよく使われるものとして、「Zoom」(Zoom Cloud Meetings)と「Google Meeting」があるが、ここでは無料で制約のないアプリの、「Zoom」(ズーム)を取り上げる。

※「Google Meeting」は、有料の「G suit」の登録が必要（教育機関は無料）

「ズーム」は2013年にパソコンやスマートフォンを使って、セミナーやミーティングをオンラインで開催するために開発された「遠隔会議アプリ」である。

「教育機関」や「ビジネスの現場」で広く使われている。

## ■ パソコン環境と機器

パソコンで「Zoom」(ミーティング)に参加するには、パソコン環境以外に、次の3つの機器が必要となる。

「タブレット」や「スマートフォン」でも、同じ環境が必要である。

### (1)Webカメラ

自分の顔を映すために必要である。

現在、パソコンやスマートフォンに内蔵のものが多い。

### (2)マイク

自分の声を相手に届けるために必要である。

音質にこだわらない限り、「Webカメラ」に内蔵されているマイクで充分である。

### (3)スピーカー

相手の声を聴くために必要である。

イヤホンやヘッドフォンを使っても可。

---

ノートパソコンや、画面一体型のデスクトップパソコンの場合、これら3つの機器が、内蔵されていることも多い。各自、「内蔵型」か確認すること。

「内蔵型」でなければ、これらの機器を別途用意する必要がある。

## ■ 費用

費用は無料であるが、制約がある。

無料で使えるが、無料プランでは3人以上でミーティングする場合には、40分の時間制限が設けられている。

---

※「有料プラン」には、「プロ」「ビジネス」「企業」の3つがある(月額2000〜2700円)。

## ■ 人数制限

参加人数は、100人まで招待可能である。

無料で「ズーム」を使う場合は、いくつかの制限があるが、個人や小規模で使う場合であれば、充分である。

**7**

遠隔授業

| 7-2 | ズームのログイン |
|---|---|

ズームにログインしよう。

**[手　順]**

[1]ブラウザを開き、アドレスに「https://zoom.us/」と入力

[2]画面右上の「サインアップは無料です」をクリック

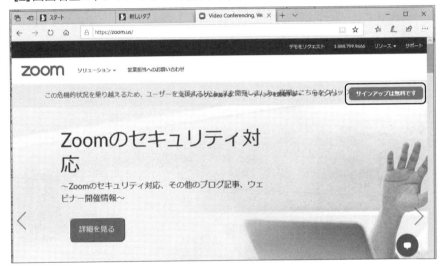

[3]確認の「生年月日」を記入後、「続ける」をクリック

**[4]** 入力した「メール・アドレス」を記入後、「サインアップ」ボタンをクリック

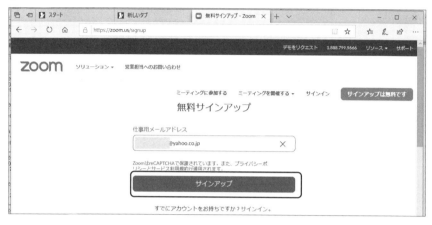

**[5]** 画面は、次のようになる。

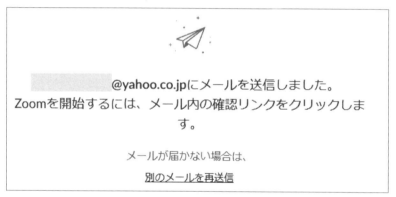

@yahoo.co.jpにメールを送信しました。
Zoomを開始するには、メール内の確認リンクをクリックします。

メールが届かない場合は、

別のメールを再送信

**[6]** 届いた「認証メール」を開く

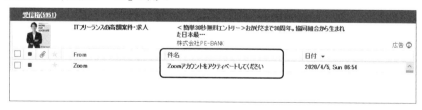

[7]「アクティブなアカウント」のボタンを選択

[8]「アカウント情報」を作るため、「名前」と「パスワード」を入力

[9] さらに、「パスワードを確認」にアドレスを再度記入
確認後、「続ける」のボタンをクリック

「ミーティングに仲間を招待する画面」に進む。

[10] 「手順をスキップする」ボタンを選択

招待者の「メール・アドレス」を入力

一度に複数入力できる。

そして「**私はロボットではありません**」にチェックを入れる。

すぐに始めるのであれば、招待する人の「メール・アドレス」を入力して「**招待**」ボタンを選択する。

とりあえずアカウントの準備だけだったら、「手順をスキップする」ボタンを選択。

以下のように、「パーソナルミーティングURL」が作られる。

https://zoom.us/j/{番号}

番号を含んだURLにアクセスして「Zoom」の利用開始となる。

「Zoom」の利用はアプリケーションを使っていく。

※ただし、初めて利用する場合は、「Zoomミーティングを今すぐ開始」を選択する。

数秒後にダウンロードが開始されます。

もしそうならなければこちらでダウンロードしてください。

[11]次の画面が表示される。

[12]ミーティングに参加する画面が表示されるので、「ミーティングID」を入力後、「参加」をクリック

画面に「初期画面」が表示される。

「初期画面」にはさまざまな機能が表示されている。
最初は簡単なミーティングの仕方を見ていこう。

## 7-3　ミーティングの開始方法

　最初に、「ビデオ授業」をするため「Gメール」を起動し、「ズーム」のアドレスを添付させる。

### [手　順]

[1]添付方法

　「初期画面」中央にある「URL」をクリック

| | |
|---|---|
| ミーティング トピック: | 梅原 嘉介のパーソナルミーティングルーム |
| ホスト: | 梅原 嘉介 |
| パスワード: | |
| 招待 URL: | https://us04web.zoom.us/j/5112985209?pwd=STZFYWsxcU... |
| | URL のコピー |
| 参加者 ID: | |

　次の画面が表示される。

| | |
|---|---|
| パスワ | |
| 招待 | 招待 URL がクリップボードにコピーされました　　　xcU... |
| | URL のコピー |

[2]画面右下の「他の人を招待」のアイコンをクリック

[3]「Gmail」をクリック

「生徒」との「ビデオ授業」をするため、「Gメール」に「ズーム」のアドレスを添付させる必要があるので、画面の「Gmail」をクリック。

[4]「宛先」を記入後、「送信」をクリック

「生徒のアドレス」を入力後、「URL」を記載するため「貼り付け」をクリックさらに「ミーティングID」「パスワード」を記載して、送る。

[5]次のメッセージが表示される。

[6]「生徒側の携帯画面」に「メール」が表示されるので、「画面のアドレス」を
クリック

[7]「ミーティングID」、続いて「パスワード」を聞いてくるので、送られてき
た「数値」を入力

　自動的に「ズーム」が「インストール」され、「ビデオ通信画面」が開く。

[8]「名前」を記述後、「OK」をクリック

[9]「ミーティングID」を入力

[10]入力後、「ミーティングの参加」をクリック

　「ミーティング　パスワードを入力してください」と聞いてくるので、入力して「OK」を押す。

　しばらく「参加の許可待ち」となる。

[11]教師側のパソコンに戻り、「許可する」をクリック

[12]「画面の画像」をクリック

　オーディオを開くか聞いてくるので「開く」をクリック

**[13]**生徒側の動画が表示されると同時に、会話が開始される。

**[14]**終了するため、「ミーティングの退出」をクリック

---

※２回目以降は、「ズーム」がすでにインストールしてあるので、「メール」は必要なく、スマートフォンの「ズーム画面」をクリックするだけで済む。

---

# 「G Suite」の必要性

本書では、Googleの個人アカウントを使って個人ベースで「遠隔教育サービス」を行なってきた。

しかし、4章の「4-9節」で説明したように、「個人アカウント」の「Classroom」では利用できない「自動採点機能」がある。

そのための対策を2つ提案した。

「個人アカウント」の利用者に、「G Suite」の「自動採点機能」を説明しておこう。

## 補1-1 「G Suite」の自動採点機能

「G suite」の「自動採点機能」の作成手順を見ておこう。

[手 順]

[1] 「G Suite」への登録

教育機関に勤めている人は、教育機関が代表で「G Suite」への参加の登録をするので、個人は管理者から「G Suite」アカウントをもらう。

[2] 「G Suite」のアカウントで「Gメール」を起動

[3] 「Gメール」から「Googleフォーム」を呼び出す。

呼び出すには「Gメール」画面の右上部にある「Googleアプリ」をクリックする。

[4]瞬時に、画像付きの「アプリ一覧」が表示される。

「Googleフォーム」が見当たらない場合は、画面の一番下の「その他のソリューション」をクリック

[5]画面下にある「フォーム」をクリック

[6]「フォーム」を開き、「**4-9節**」の「三大栄養素」の課題を各自作成

[7]続いて、「Classroom」を起動させるため、開いている画面の右上部にある「Googleアプリ」をクリックし、出てくる画面一覧から「Classroom」をクリック

[8]「Classroom」の「授業」「作成」「課題」をクリックし、「三大栄養素」の課題を各自作成

[9]ここで「自動採点機能」ボタンを貼り付けるため、課題画面下の「追加」をクリック

[10]追加できる一覧から、作成済みの「Google フォーム」の課題を「Classroom」に挿入するため、「Google ドライブ」をクリック

[11]出てきたフォルダの中から「三大栄養素」を選択し、「追加」をクリックする。
　ここまでは「個人アカウント」利用の場合と同じである。

[12]挿入後の「G Suite」の「Classroom」の課題画面下に「成績イン ポート」が追加表示されている。
　このインポートを「オン」にする。

※個人アカウントの場合、同じ操作をしても「成績インポート」は表示されない。

[13]「生徒の提出物」画面に「成績インポート」ボタンが表示されるので、このボタンを押すと採点表に点数が表示される。

## 補1-2 「個人アカウント」の使用と「G Suite」の比較

「個人アカウント」の使用と「G Suite」の「クラスの制限事項」を見ておこう。

| 操作または機能 | 「G suite」<br>または学校用<br>アカウント | 個人の<br>「Googleアカウント」 |
|---|---|---|
| 1クラスの教師 | 20人 | 20人 |
| クラスのメンバー<br>（教師と生徒） | 1000人 | 250人 |
| 参加できるクラス | 1000個 | 最大100個、1日あたり30個 |
| 作成できるクラス | 制限なし | 1日あたり30個 |
| 送信できるクラス<br>の招待状 | 教師1人につき<br>1日500通 | 教師1人につき1日500通 |
| 生徒1人あたりの<br>保護者 | 20人 | 機能は利用できない |
| メールアドレスの<br>表示 | 制限なし | 機能は利用できない |

［注］　教師は20人以上招待できるが、クラスに参加できるのは20人までである。

## 補1-3 外部ドメインの招待制限

　Google社の「学習管理サービス」である「Google Classroom」は「Googleアカウント」をもっていれば誰でも利用できると一般に言われている。

　しかし、「G Suite ユーザー」は「クラス」を成した後、誰かをクラスに「自由」に招待することはできない。

　「個人アカウント」を使っているユーザーにとって、この制約は不便である。

　この理由は、「G Suite」では、「管理コンソールに登録しているドメイン」での「クラスメンバー」の招待はできるが、「外部ドメイン」はセキュリティ上許可されていないからである。

　「生徒の個人情報」が洩れる危険があるので、「セキュリティ強化」が必要不可欠である。

＊

　「外部ドメイン」のユーザーを招待するには、「招待制限の変更」が必要である。
その「変更手続き」については「管理者」と相談して欲しい。
「セキュリティ問題」が生じるからである。

# 補論2

# 「QRコード」を作って、
# 「Googleフォーム」の課題を取り込む

> 本書では、これまで「10人以下」の少人数の授業やゼミなどを
> 想定して、遠隔教育を説明してきた。
> 　以下では、それを超える場合を考えてみよう。

## 補2-1　　　　　　　　問題の提起

　課題の提供のため「メール・アドレス」を入力する場合に、「メール・アドレス」を「手動」で入力してきた。

　あるいは、エクセルのスプレッドシートに「メール・アドレス」を保存し、この「メール・アドレス」を、「コピー＆ペースト」して入力している。

＊

　しかし、生徒が20名以上になる場合は、大変である。

　事実、筆者の授業は40名近くの学生が受講しているが、当初は手動で入力していて大変であった。

　もし生徒が100人の場合、「メール・アドレス」を手動で入力するのはとうてい無理である。

　「コピー＆ペースト」でも100人は大変で、かつ記述するスペースの確保が難しい。

　このような場合、どのようにすべきだろうか。

　これは「遠隔授業」をする場合に必ず付きまとう切実な問題であり、解決しなければならない緊急の課題である。

# 補2-2　　　　解決策の提案

　筆者が提案する解決策は、"「Googleフォーム」で作った課題を「QRコード」で読み取り、それを生徒に携帯で読み取らせる"という、「QRコード」と「Googleフォーム」のコラボの方法である。（第3の方法）

　この方法であれば、教師が「メール・アドレス」を入力する問題も解決するし、生徒の「メール・アドレス」を知らなくても、生徒は「ファイル」を取り込める。

　この「第3の方法」の実行には、「QRコード」の作成が必要不可欠となる。

# 補2-3　「Googleフォーム」で課題(歴史問題)を作成

「QRコード」作成の前に、各自「Googleフォーム」で課題を作っておく。

　作成後、フォーム画面の「送信」をクリックして「リンク」アイコンをクリックし、リンク画面のアドレスをコピーする。

# 補2-4 「QRコード」の作成

実際に、「QRコード」を作成しよう。

難しそうに思えるが意外と簡単にできる。

その手順を見てみよう。

## [手 順]

[1] ブラウザを開き、"「QRコード」の作成"と入力

| ウェブ 画像 動画 知恵袋 地図 リアルタイム 求人 一覧▼ | |
|---|---|
| QRコードの作成 | Q 検索 |
| ▼ | |

[2] 画面の"「QRコード」（二次元バーコード）作成［無料］"をクリック

ウェブ 画像 動画 知恵袋 地図 リアルタイム 求人 一覧 ▼　　　　　　　　　　　　　　　　　　✿ 検索設定 Yahoo! JAPAN ヘルプ

| QRコード作成 | × | Q 検索 | +条件指定 |

約28,500,000件 1ページ目

検索ツール ▼

Q qrコード作成 無料　qrコード作成 アプリ　qrコード作成 エクセル　で検索

**QRコード(二次元バーコード) 作成【無料】** - cman.jp
www.cman.jp/QRcode/　キャッシュ

QRコード・二次元バーコードを無料(Free)で作成可能です。URLやメールアドレスの**QR
コード作成**時はチェックが行われるためQRコードの作成間違いなどを防ぐことが出来ま
す。また、地図のQRコードは実際の地図を見ながらQRコードが作成できます。
URL用QR - メールアドレスのQRコード作成 ...... 自由入力のQRコード作成方法 - お知ら
せ

[3] 「メニュー画面」から「URL用QR」をクリック

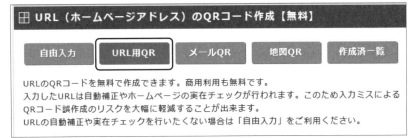

[4]画面下の「ボックス」に、コピーしておいた「リンクアドレス」の貼り付け

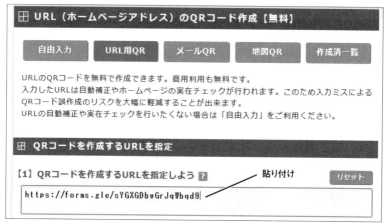

[5]タイトルを「歴史」と記述し、記述後、「URLのチェック＆QR作成・実行」
をクリック

[6]画面の「ダウンロード」をクリック

[7]ファイル名を「history」と入力後、「ダウンロード」をクリック

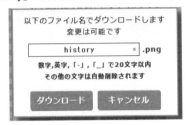

[8]「名前を付けて保存」をクリック

[9]「フォルダ」に「history」を保存

[10]「フォルダーを開く」をクリック

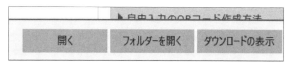

[11]画面に「QR コード」が表示される

これを右に移動させると「QR コード」
は大きくなる

携帯で、この「QR コード」を生徒に読み取らせる。

※「QRコード」が読めない場合、この「QRコード」をコピーして生徒に配布し、携帯で読ませる。

[12]スマートフォン画面に、「QR コード」で読み取った課題「歴史の問題」が
表示される。

＊

課題が多数の場合、「スマートフォン」では読みにくいので、パソコン画面
で読む。

**[手 順]**

[1]画面下のアイコンから「共有」をクリック。

[2]画面から「G メール」をクリックし、課題を送信するため「メール・アドレ
ス」を記入して送信する。

[3]生徒はパソコンでメールを受信し、開くとパソコンに課題が表示される。

[4]課題を解いたら、「送信」を押す。

このように「QR コード」を自ら作って、「Google フォーム」とコラボさせる
方法は興味深い方法である。

# クラスの「追加作成」と「削除」の仕方

これまで本書では、クラスを、「2年次の子ども」と1個のみを設定して説明してきた。

ここで新たに「1年次の子ども」クラスを作り、作成後にそれを削除する、「クラス作成と削除の仕方」を学ぼう。

## 補3-1 「クラス」の追加作成

「クラス」を追加で作る方法は、大筋は4章で見た「クラス作成」の手順と変わらない。

### [手 順]

[1]新しく「クラス」を作るため、「Classroom」の「初期画面」の左端にあるアイコン ≡ をクリック後、画面から「クラス」をクリック

[2]「クラス」の作成画面が表示されるので、右端の「＋」アイコンをクリック後、「クラス作成」をクリック

[3]後は、4-3節と同じ処理をしてクラスを作る。

[4]新たに2つ目のクラスが作られる。

[5]クラス名を「1年次」、セクションを「子ども」、科目を「遠隔教育演習」、部屋を「K205」とする。

## 補3-2 「クラス」の削除

「クラス」の削除は、若干難しい。

### ［手 順］

[1] 削除したい1年次「Classroom」の右端のアイコンを右クリックし、画面から「アーカイブ」（図中に（A）で示したボタン）をクリック

[2] 画面から「アーカイブ」をクリック

確認のメッセージの画面が表示されるので、「アーカイブ」（図中に（B）で示したボタン）をクリック

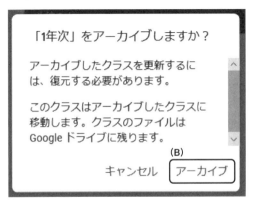

　この時点で「クラス作成画面」から「1年次の子ども」クラスルームは消える
が、完全に削除されたわけではない。

　別の場所に退避したにすぎない。


**[3]** 作成画面の左端のアイコン ☰ をクリック後、「アーカイブされたクラス」
をクリック

**[4]** 再度、「1年次の子ども」クラスルームが表示されるので、画面の右端のア
イコンをクリック後、「削除」をクリック

[5] 確認のメッセージが表示後、「削除」をクリック

　クラスを削除すると、すべての「学生管理ファイル」が削除されるので、慎重を期すために、確認のメッセージが表示される。

[6] クリック後、完全に画面から削除される。

> 「1年次」を削除しますか？
>
> このクラスに追加された投稿やコメントには、一切アクセスできなくなります。
>
> クラスのファイルは、今後も Google ドライブに保存されたままになります。
>
> この操作は元に戻せません。
>
> キャンセル　　削除

# アルファベット順

## 《A》

Android ……………………………………143

## 《C》

CAPTCHA ……………………………………72
Chrome ……………………………………81
Classroom ………………………9,10,80,141
Classroom カレンダー ……………155,157
Classroom の作成 ……………………141
CSV ……………………………………124

## 《D》

DOC ……………………………………124

## 《E》

Excel ……………………………………128

## 《G》

Google Classroom ……………………7,8,9,80
Google for Education ……………………8,11
Google Meeting ……………………………7,160
Google アカウント ……………………13,14,42
Google アプリ ……………………………125,174
Google カレンダー ……………………8,10,143
Google スプレッドシート ……………………54
Google ドキュメント ……………………102,131
Google ドライブ ……………………8,10,39,123
Google フォーム ……………………9,42,72,179
Google マップ機能 ……………………147
Got it ……………………………………84
GSuite ……………………………………113,174
GSuite Business ……………………………8
GSuite for Education ……………………8,80
GSuite ユーザー ……………………177
G メール ……………………………9,10,11,13

## 《H》

HTML ……………………………………7,75
HTML プログラム ……………………75
HTML を埋め込む ……………………75

## 《I》

IMAP ･･････････････････････････････9
iPhone ･･････････････････････････143

## 《M》

Microsoft edge ･･･････････････････81

## 《O》

Outlook.com ･･････････････････････9

## 《P》

POP3 ･･････････････････････････････9
PowerPoint ･････････････････････128

## 《Q》

QR コード ････････････51,178,179

## 《S》

SMTP ･････････････････････････････9

## 《T》

ToDo ･･････････････････････････122

## 《U》

URL を短縮 ･･････････････････････73
URL 用 QR ･･････････････････････180
USB メモリー ･･････････････････142

## 《W》

Web 型の遠隔教育 ･･････････････････7
Web カメラ ･･････････････････････161
Web メール ･･･････････････････････9
Word ･･････････････････････････128

## 《X》

XLS ･･････････････････････････････124

## 《Y》

Yahoo ･････････････････････････････9
You Tube ････････････････････････67

## 《Z》

Zoom ･･･････････････････････7,160
Zoom Cloud Meetings ･････････160

# 50 音順

## 《あ行》

あ アーカイブ ･･････････････････････28
　 アクセス権 ･･････････････････････139
　 アクティブなアカウント ･･･････････164
　 アンケート調査 ･････････････････107
　 アンケート・フォーム ･･･････････････43
い 印刷機能 ･･･････････････････････23
え エクセル ････････････････････････54
　 閲覧者 ････････････････････････139
　 閲覧のみ ･･････････････････････140
　 絵文字を挿入 ･････････････････････18
　 遠隔会議アプリ ･････････････････160
　 遠隔教育 ･････････････････････7,72
　 遠隔教育アプリ ･････････････････80
　 遠隔授業 ･･････････････････････160
　 円グラフ ･･･････････････････････53
お オーバーフロー・メニュー ･･････････151
　 オンライン・ストレージ ･･････････････10
　 オンライン教育 ･････････････････････7

## 《か行》

か 会議型の遠隔教育 ･･････････････････7
　 回答画面 ････････････････････････62
　 解答集を作成 ･･･････････････････115
　 外部ドメイン ･･･････････････････177
　 学習管理アプリ ･･･････････････････9
　 学習管理サービス ･･････････････177
　 学生管理アプリ ･････････････････72
　 学生管理ファイル ･･･････････････187
　 カスタマイズ ･････････････････････34
　 画像の貼り付け ･････････････････65
　 画像ファイル ･････････････････････20
　 画像ファイルの添付 ･･･････････････20
　 課題 ･･･････････････････････････91
　 課題の作成 ･･･････････････････117
　 課題の提出 ･･･････････････････････82
　 課題を表示 ･･･････････････････119
　 カテゴリ ･･･････････････････････32,34
　 カレンダーの設定 ･･･････････････151
　 環境設定 ･････････････････････124
き 擬似クラス ･･････････････････････80
　 記述式 ･･････････････････････46,98
　 既読メール ･･･････････････････････27
　 教育アプリ ･･････････････････････11
　 教材型の遠隔教育 ･･････････････････7

# 索 引

教師数の上限‥‥‥‥‥‥‥‥‥‥‥81
共同編集者の追加‥‥‥‥‥‥‥‥78
共有‥‥‥‥‥‥‥‥‥‥78,123,183
共有アイコン‥‥‥‥‥‥‥‥‥‥134
共有設定‥‥‥‥‥‥‥‥‥132,150
共有メッセージ‥‥‥‥‥‥‥‥‥86
均等目盛‥‥‥‥‥‥‥‥‥‥‥‥70

**く** 空白‥‥‥‥‥‥‥‥‥‥‥‥‥‥44
クラウド‥‥‥‥‥‥‥‥‥‥‥‥10
クラス‥‥‥‥‥‥‥‥‥‥‥‥‥‥9
クラスコード‥‥‥‥‥‥‥‥85,90
クラス作成‥‥‥‥‥‥‥‥‥‥‥82
クラスで共有‥‥‥‥‥‥‥‥‥‥86
クラスに参加‥‥‥‥‥‥‥‥‥‥90
クラスの削除‥‥‥‥‥‥‥‥‥185
クラスの制限事項‥‥‥‥‥‥‥177
クラスの追加作成‥‥‥‥‥‥‥184
グリッド‥‥‥‥‥‥‥‥‥‥‥‥71

**け** ゲストの追加‥‥‥‥‥‥‥‥‥146
ゲストを追加‥‥‥‥‥‥‥‥‥146
健康診断日‥‥‥‥‥‥‥‥‥‥145

**こ** 講義資料‥‥‥‥‥‥‥‥‥‥‥129
個人アカウント‥‥‥‥‥‥‥‥176
個人用の Classroom‥‥‥‥‥‥119
コピー & ペースト‥‥‥‥‥‥‥50
コメント‥‥‥‥‥‥‥‥‥‥‥120
コメント可‥‥‥‥‥‥‥‥‥‥139

### 《さ行》

**さ** 採点‥‥‥‥‥‥‥‥56,60,84,106
採点を求めないアンケート調査‥‥‥107
採点機能‥‥‥‥‥‥‥‥‥‥‥‥56
採点処理‥‥‥‥‥‥‥‥‥‥‥114
採点付きの課題‥‥‥‥‥‥107,112
サインアップ‥‥‥‥‥‥‥‥‥163
削除‥‥‥‥‥‥‥‥‥‥‥‥‥‥23
三大栄養素‥‥‥‥‥‥‥‥‥‥118

**し** 時間管理‥‥‥‥‥‥‥‥‥‥‥‥10
市場調査アンケート‥‥‥‥‥‥107
下書き‥‥‥‥‥‥‥‥‥‥‥‥‥26
下書きメール‥‥‥‥‥‥‥‥‥‥26
質問‥‥‥‥‥‥‥‥‥‥‥‥‥‥91
質問画面‥‥‥‥‥‥‥‥‥‥‥‥52
質問作成‥‥‥‥‥‥‥‥‥‥‥‥96
質問の追加‥‥‥‥‥‥‥‥‥‥‥47
質問を表示‥‥‥‥‥‥‥‥‥‥‥98
自動採点機能‥‥‥‥‥‥‥‥‥174
自動的集計‥‥‥‥‥‥‥‥‥‥‥54
写真をアップロード‥‥‥‥‥‥‥85

写真を挿入‥‥‥‥‥‥‥‥‥‥‥20
重要マーク‥‥‥‥‥‥‥‥‥‥‥25
授業‥‥‥‥‥‥‥‥‥‥‥‥84,91
授業画面‥‥‥‥‥‥‥‥‥‥‥157
受信側の基本機能‥‥‥‥‥‥‥‥22
受信トレイ‥‥‥‥‥‥‥‥‥‥‥28
受信メール‥‥‥‥‥‥‥‥‥‥‥25
条件分岐‥‥‥‥‥‥‥‥‥‥‥‥43
招待する‥‥‥‥‥‥‥‥‥‥‥‥88
招待制限の変更‥‥‥‥‥‥‥‥177
招待メール‥‥‥‥‥‥‥‥‥‥148
資料‥‥‥‥‥‥‥‥‥‥‥‥‥‥91
資料の提示‥‥‥‥‥‥‥‥‥‥‥82
資料メッセージ‥‥‥‥‥‥93,94
新規フォルダの作成‥‥‥‥‥‥129

**す** スケジュール管理‥‥‥‥‥‥‥159
スケジュール管理ツール‥‥‥‥143
スケジュールの登録‥‥‥‥‥‥145
スコアを表示‥‥‥‥‥‥‥‥‥‥62
スター付きマーク‥‥‥‥‥‥‥‥25
スターを付ける‥‥‥‥‥‥‥‥‥38
ストリーム‥‥‥‥‥‥‥‥‥84,85
ストリーム画面‥‥‥‥‥‥‥‥111
スヌーズ‥‥‥‥‥‥‥‥‥‥‥‥30
スピーカー‥‥‥‥‥‥‥‥‥‥161
スプレッドシート‥‥‥‥‥‥‥178

**せ** 制限付き‥‥‥‥‥‥‥‥‥‥‥138
成績インポート‥‥‥‥‥‥‥‥119
生徒登録‥‥‥‥‥‥‥‥‥‥89,90
生徒の提出物‥‥‥‥‥‥‥‥‥120
整理マーク‥‥‥‥‥‥‥‥‥‥‥25
セキュリティ‥‥‥‥‥‥‥‥‥‥37
設定と共有‥‥‥‥‥‥‥‥‥‥151
全員に返信‥‥‥‥‥‥‥‥‥‥‥23
選択式‥‥‥‥‥‥‥‥‥‥‥71,98
全般‥‥‥‥‥‥‥‥‥‥‥‥‥‥60

**そ** 送信側‥‥‥‥‥‥‥‥‥‥‥‥‥17
送信済み‥‥‥‥‥‥‥‥‥‥‥‥27
ソーシャル‥‥‥‥‥‥‥‥‥‥‥32
その他のソリューション‥‥‥‥175

### 《た行》

**た** 短縮ボタン‥‥‥‥‥‥‥‥‥‥108

**ち** チェック・ボックス‥‥‥‥‥‥‥69
チャット機能‥‥‥‥‥‥‥‥‥‥98
中央値‥‥‥‥‥‥‥‥‥‥‥‥‥65

**つ** ツール・ボックス‥‥‥‥‥‥‥‥69

**て** 提案の承諾‥‥‥‥‥‥‥‥‥‥139
提出状況‥‥‥‥‥‥‥‥‥‥‥‥82

テーマ・オプション・・・・・・・・・・・・・・・・・・57
テーマ選択・・・・・・・・・・・・・・・・・・・・・・・・・・85
テーマの色・・・・・・・・・・・・・・・・・・・・・・・・・59
テーマをカスタマイズ・・・・・・・・・・・・・・・・44
テキスト・ファイル・・・・・・・・・・・・・・・・・20
手順をスキップする・・・・・・・・・・・・・・・165
テスト・・・・・・・・・・・・・・・・・・・・・・・・・・・・・・61
テストオプション・・・・・・・・・・・・・・・・・・61
テスト付きの課題・・・・・・・・・・・・・・・・・・91
添削返信システム・・・・・・・・・・・・・・・・・・・7
転送・・・・・・・・・・・・・・・・・・・・・・・・・・・・・・・23
添付ファイル・・・・・・・・・・・・・・・・・・20,40
テンプレート・・・・・・・・・・・・・・・・・・・・・・43
テンプレート画面・・・・・・・・・・・・・・・・・・44
テンプレート・ギャラリー・・・・・・・・・・43
と 動画の追加・・・・・・・・・・・・・・・・・・・・・・・67
動画を選択・・・・・・・・・・・・・・・・・・・・・・・67
投稿・・・・・・・・・・・・・・・・・・・・・・・・・・・・・・86
同時双方向・・・・・・・・・・・・・・・・・・・・・・160
特定のユーザーとの共有・・・・・・・・・・151

《な行》
に 二次元バーコード・・・・・・・・・・・・・・・180
認証メール・・・・・・・・・・・・・・・・・・・・・163
ね ネット環境・・・・・・・・・・・・・・・・・・・・・・・・7

《は行》
は パーソナル・・・・・・・・・・・・・・・・・・・・・125
パーソナルミーティング URL・・・・・・・165
背景・・・・・・・・・・・・・・・・・・・・・・・・・・・・・57
背景色・・・・・・・・・・・・・・・・・・・・・・・・・・59
歯車・・・・・・・・・・・・・・・・・・・・34,60,128
場所を追加・・・・・・・・・・・・・・・・・・・・147
ひ ビデオ授業・・・・・・・・・・・・・・・・・・・・・168
ふ ファイルの閲覧・・・・・・・・・・・・・・・・・123
ファイルの保存・・・・・・・・・・・・・・・・・126
ファイルを添付・・・・・・・・・・・・・・・・・・19
フィルタ機能・・・・・・・・・・・・・・・・・・・・37
フォーラム・・・・・・・・・・・・・・・・・・・・・・33
プルダウン・・・・・・・・・・・・・・・・・・・・・・69
プレゼンテーション・・・・・・・・・・・・・・61
プレビュー・・・・・・・・・・・・・・・・・・・・・・59
プロモーション・・・・・・・・・・・・・・・・・・32
へ 平均値・・・・・・・・・・・・・・・・・・・・・・・・・・65
ヘッダー・・・・・・・・・・・・・・・・・・・・・・・・57
返却・・・・・・・・・・・・・・・・・・・・・・・・・・・105
変更および共有の管理・・・・・・・・・・・153
編集者・・・・・・・・・・・・・・・・・・・・・・・・・139
返信・・・・・・・・・・・・・・・・・・・・・・・・・・・・23

ほ 棒グラフ・・・・・・・・・・・・・・・・・・・・・・・53
他の人を招待・・・・・・・・・・・・・・・・・・168

《ま行》
ま マイク・・・・・・・・・・・・・・・・・・・・・・・・161
マイドライブ・・・・・・・・・・・・・・・・40,125
み ミーティング ID・・・・・・・・・・・・・・・・167
ミーティングの参加・・・・・・・・・・・・・171
ミーティングの退出・・・・・・・・・・・・・173
未読メール・・・・・・・・・・・・・・・・・・・・・27
む 無題の質問・・・・・・・・・・・・・・・・・・・・・46
無題のフォーム・・・・・・・・・・・・・・・・・44
め メイン・・・・・・・・・・・・・・・・・・・・・・・・・32
メールサービス・・・・・・・・・・・・・・・9,13
メールの自動振り分け設定・・・・・・・37
メンバー・・・・・・・・・・・・・・・・・・・・84,87
メンバー数・・・・・・・・・・・・・・・・・・・・・81

《や行》
ゆ ユーザーの権限・・・・・・・・・・・・・・・・153
ユーザーを追加・・・・・・・・・・・・・・・・152
よ 予定の表示・・・・・・・・・・・・・・・・・・・・153
予定の変更・・・・・・・・・・・・・・・・・・・・153

《ら行》
ら ラジオ・ボタン・・・・・・・・・・・・・・・・・47
ラベル・・・・・・・・・・・・・・・・・・・・・・・・・35
り リンク・・・・・・・・・・・・・・・・・・・・・・・・・72
リンクボックス・・・・・・・・・・・・・・・・・74
リンクを取得・・・・・・・・・・・・・・・・・・・78
リンクを追加・・・・・・・・・・・・・・・・・・109
れ 連絡掲示板・・・・・・・・・・・・・・・・・・・・・85

《わ行》
わ ワード形式・・・・・・・・・・・・・・・・・・・・127

■著者略歴

## 梅原　嘉介（うめはら・よしすけ）

| | |
|---|---|
| 1945年 | 静岡県生まれ |
| 1973年 | 関西大学大学院博士課程　経済研究科　満期退学 |
| 現在 | 中国学園大学子ども学部子ども学科　特命教授 |
| | 中国学園大学情報教育センター長 |

［主な著書］

「文科系の入門 Basic」1990年　日本評論社
「文系のための Java 入門」工学社、2006年
「進化ゲーム理論とアルゴリズム」工学社、2007年、共著
「ツイッター・ブログ・ホームページ」工学社、2011年
「文系のための Android」工学社、2013年、共著
「基礎からわかる Unity3D アプリ開発」工学社、2017年
「基礎からわかるネットワーク・システムの理論と構築」工学社、2018年
「Scratch 3.0入門」工学社、2019年

本書の内容に関するご質問は、
① 返信用の切手を同封した手紙
② 往復はがき
③ FAX (03) 5269-6031
　（返信先の FAX 番号を明記してください）
④ E-mail　editors@kohgakusha.co.jp
のいずれかで、工学社編集部あてにお願いします。
なお、電話によるお問い合わせはご遠慮ください。

サポートページは下記にあります。

［工学社サイト］
http://www.kohgakusha.co.jp/

**I/O BOOKS**

# 「Google Classroom」の導入と遠隔教育の実践 [改訂版]

| | | |
|---|---|---|
| 2021年 1月30日　第1版第1刷発行　ⓒ2021 | 著　者 | 梅原　嘉介 |
| 2021年 8月 5日　第1版第2刷発行 | 発行人 | 星　正明 |
| | 発行所 | 株式会社 工学社 |

〒160-0004 東京都新宿区四谷 4-28-20 2F

| 電話 | (03) 5269-2041 (代) [営業] |
|---|---|
| | (03) 5269-6041 (代) [編集] |

※定価はカバーに表示してあります。　振替口座　00150-6-22510

印刷：シナノ印刷(株)　　　　　　　　　　　ISBN978-4-7775-2135-7